No.

Date ・ ・

LAWSON流 アルバイトが「商売人」に育つ勉強会

コンビニ研究家

田矢信二

Taya Shinji

多くの店舗でアルバイトが
真の戦力となっているローソン。
その裏には、
経営者と店長の商売魂を
徹底的に鍛える
驚異の勉強会メソッドがあった――

はじめに

いま、コンビニ市場は超加速で成熟しています。業界王者のセブン-イレブンが簡単に経営不振に陥ることは考えにくいでしょう。

ただし、どんな商売も店を営業してさえいれば売れるとは限らないモノあまりの時代になってきています。

ここで経営者の皆さんに質問です。

あなたの会社の店長・社員たちは、あなたの敵ですか？ 味方ですか？

答えは、「社長の事業を具現化してくれる唯一無二の戦力」ではないでしょうか？

さらに経営者に、「では、どのような人材が欲しいですか？」という質問をすると、「自ら商売行動し、自ら挑戦できる人」と言われます。

そこで、「組織にそれを受け入れる体制と部下育成のノウハウがありますか？」と質問すると、沈黙がはじまります。

私も、現場の店長時代に危機的状況を経験したことがあります。超人手不足に悩み、少数のスタッフでお店を運営した当時の経験はもう二度としたくはありませんが、そのときに生まれた育成ノウハウがあります。

その内容は、前作の『セブン－イレブン流　98％のアルバイトが商売人に変わるノート』で、スタッフをどのように育成するかを説明し、ノートテイキングの重要性を伝えました。多くの読者より「すごいノウハウですが、自分の組織でミーティングを実践する場合に、相手に伝える技術やプレゼン資料の作成・運営方法をもっと知りたい」という感想をいただきました。そこで今回、それを完全公開します。

アルバイトを戦力化させて、地域一番店になるためには、まず、加盟店経営者・店長から変わることが必要です。そこで本書の第1部は現場をイメージしやすい物語形式にし、第2部では、周りのSVやアルバイトをいかに巻き込むのか、また自らの商売物語をどう鍛え続けていくのかなど、実際のノウハウを説明しております。経営者・店長・スーパーバイザー並びに本部スタッフを始め、「指導育成コーチング・商売の磨き方を身につけたい人」に読んでいただきたいと思っています。

さらに、次のような方には、商売の指南書になると信じています。

①ここ数年、慢性的な人手不足である
②4店舗以上経営している

③地域エリアが競合店に囲まれている
④幹部候補を育成したいと考えている
⑤10年商売の事業計画がなく苦労している
⑥なんとなく毎日の商売に疲れモチベーションがない
⑦店長会議や人育てに興味があるがどうしてよいかわからない
⑧独自企業ローソンに興味がある
⑨コンビニに加盟したいと考えている
⑩地域エリアで多店舗化したい

また、店舗ビジネスの指導・育成関係に関わる業界の方にとっても人育てにつながるきっかけになるかと思います。店舗や経営規模にかかわらず、即実践できるのがローソン流勉強会の最大の強みです。新たな視点で日本一を目指していただきたいです。
本書を通してローソンに興味を持っていただけ、勉強会を実践した人のなかから、人材が自己成長していく集団を作る経営者が多く出てくることを願っています。

2016年4月吉日

コンビニ研究家　田矢　信二

目次

ローソン流
アルバイトが「商売人」に育つ勉強会

第2部

3章 店を強くするスーパーバイザーとの付き合い方……153

第1部

物語でわかる！
とあるローソン
物語

〜新人店長（加盟店経営者）が
アルバイトを戦力化させて
お店を育てる物語〜

青木健太郎が、ローソンの店長になったのは突然の出来事だった。

創業者の父親の体調が悪くなり、店を運営する人がいなくなったため、実業団の柔道選手だった健太郎が会社を退社して、実家のコンビニを経営することになったのである。

ほんの少し前まで、健太郎はまさか自分がコンビニの店長（加盟店経営者）になるとは想像していなかった。それまで、コンビニとは縁もゆかりもない人生で、自分とは180度違う未知なる世界であった。基本的なオペレーションについては本部の研修をすませてきたが、店長業務をするのは初めてであった。

もともと体力には自信があり、子どもや高校生に柔道を教えた経験はあった。性格的には、一度やると決めたことは徹底的にやるタイプである。

ただ、商売の経験はゼロの素人である。パート・アルバイトを育成し、お店を創ることが自分にできるのか、大きな不安があった。

その部分に関しては、父親からあるモノを渡されていた。**「商売人流コーチング－sales coaching－」**と書かれた青い巻物である。

これは、コンビニ経営をする前の酒屋時代に経営が右肩下がりに悪化して倒産寸前に追い込まれたときに、父親が古書店の店主から譲り受けたモノであった。

「書かれている手順通りに教えを守り、素直に行動して、スタッフを戦力化してくれ。健太郎、店の留守はお前に託したぞ」

それが、巻物を渡されたときに健太郎が父親から言われた言葉だった。

コーチングとは、なにか？

青木新店長のローソンは、どこにでもある普通の店だった。

酒屋時代から父親が経営しており、エリア内でも売上・単品販売とも平均のお店だった。地道に経営してきた父親は、ローソン本部との1回目の契約更新を迎え、次の10年をスタートしたばかりであった。

業界未経験である青木店長が父親から渡された巻物を読みはじめると、最初にこのような文面が書かれてあった。

顧客のすべては、店のスタッフで決まる。だが、店のスタッフは店長のコーチングで決まる。

コンビニの店長になって、健太郎が初めて行ったことは、「コーチング」という言葉の意味を調べることであった。素人の店長には、それさえ理解できなかったのである。青木店長は携帯を取り出し、グーグルで「コーチング」を調べてみた。すると、次のように書かれていた。

コーチング【coaching】
1運動・勉強・技術などの指導をすること。
2自分で考えて行動する能力をコーチと呼ばれる相談役との対話のなかから引き出す自己改善技術。1990年代に米国で社員育成技法としてはじまる。

その次に書かれていたのが、以下の2つの文である。

店長の多くは、スタッフが指示通りに動いてもらえないと感じることが多い。それを解決するには、時間と場所をよく考えて指示すること。問題が発生したらまずは相手の話を聞くことが重要。また、指示は売場のバックルームで伝えることを明確にせよ。新人スタッフを教えるときには、必ず自分がどんな店にしたいかを想いを込めて伝えなさい。そして商売を通して考えたことについて、スタッフに書かせなさい。最後に、それができるツールか仕組みが店にないかを考えなさい。研修初日こそ、もっとも大切である。商売を通して働くことを覚えさせなさい。避けるべきは、強制と怒りである。

これを調べてみた青木店長は、売場を見ながら考えた。

店のなかにスタッフみんなが確認でき、指導に使えるものはないか？　なにか書けるものがないか？　そして、対話のなかから能力を引き出すことができるツールのようなものが本当にないのか？

そう思いながらカウンターを見ると、なかに「オペレーションノート」と書かれたノートがあった。ローソンの店で、毎日の業務内容や作業についてチェックするツールである。

「これだ！　このノートに研修初日の感想と店で起きた出来事をスタッフに書かせるようにしよう！」

その日は、父親が採用したアルバイト二名の初出勤日であった。青木店長は、初日のトレーニング研修をすることになっていた。もちろん、青木店長にとっても初めての初期教育であった。

店で待っていると、新人アルバイトたちが現れた。名前は有村れいこと柴咲かほ。ともに高校2年生である。二人があいさつをした。

「おはようございます」

「おはよう、今日は研修初日だけど、よろしく。二人ともアルバイトの経験はあるの？」

有村れいこが答えた。

「アルバイトは、初めてです」

柴咲かほが続いた。

「飲食店でアルバイトしていました。接客が好きです」

「今日の研修初日は、まずローソンについて説明したビデオを見てもらいます。そして、ビデオのパートごとに、その感想を書いてもらいます。この感想を書くことが今日の仕事で、時給になると思ってください。だから、学校の授業以上にしっかり覚えてください。いいですか？」

ビデオを見終わった二人に、青木店長は早速、さっき発見したオペレーションノートに感想を書いてもらった。その内容は、次のようなものだった。

有村さんの場合

「だいたいのことはわかっていたつもりだけど、ローソンがこんなにお客さまの立場にたっていろいろと考えているとは知らなかった。決められたことをするだけじゃなく、自分で判断して責任を持ってやっていけば、やりがいのある仕事になると感じた」

柴咲さんの場合

「ローソンの売場には、沢山の気配りがあることがわかりました。いつもなにげなく買い物をしていましたが、お客さまに気持ちよく買い物をしてもらうためには、フェイスアップが大切だと思いました。私のこのお店の第一印象は、いつも綺麗に商品が陳列されていることです。早く売場の仕事を覚えて、働けるようになりたいです」

この感想を見て青木店長は、感じるものがあった。

「柔道の練習をノートに書いて研究することと同じで、この文のなかに育成するヒントが隠れている。オレは商売の素人だけど、アルバイトの成長プロセスを見ながらなにを教えるべきか、なにを聞くべきかは、わかる気がする。父親が戻るまでに、このローソンの店舗レベルをエリアで平均点のお店から上位店舗にしてやろう。そして、いつか本部に表彰される優秀店舗にしてやるんだ」

まだ、店長に着任して1週間あまりの出来事であった。

アルバイトたちの成長と変化

それから1週間後のこと。アルバイトの有村さんが、話があるというので、休憩中に時間をとることになった。

「店長、アルバイトを辞めたいです」

青木店長は、こんなに早くアルバイトが退職したいと言い出すとは、思っていなかった。動揺した青木店長だが、巻物の「顧客のすべては、店のスタッフで決まる。だが、店のスタッフは店長のコーチングで決まる」という言葉を思い出した。

「よし、まずは理由を聞いてみよう」

そう思った青木店長は、腰を正して有村さんと向かい合った。

「なんで、有村は辞めたいと思ったの？」

「お店のほかのアルバイトたちは多くのオペレーションをこなしているけど、自分には到底同じようにできるとは思えないからです」

　これを聞いて、経験のない店長は仮説で答えた。

「正直、このお店の過去のことはわからないけど、いまは物凄くテキパキしたオペレーションができる人でも、最初は不安だったんじゃないかな？　有村はローソンが好きじゃないの？」

「私はローソンのからあげクンやロールケーキが大好きです」

「それじゃあさ、もう少し我慢してアルバイトを続けて、自分が悩んでいることをオペレーションノートに書いていってくれないか？　その内容は、次の新人が入ったときに必ず役立つモデルになると思うんだ。あと90日がんばってみて、本当に辞めたくなったら、また言ってよ。ヨロシクね！」

「はい、もう少しがんばってみます」

　こうして有村さんは退職を思いとどまり、ローソンに残ることになった。

その一方で、今度は、順調に作業を覚えていた柴咲さんが青木店長に相談をしてきた。そして、

「店長、私、接客が好きなんで、接客専門でやっていいですか？」

と、とんでもない相談をしてきたのだ。

青木店長は質問した。

「なんで、接客しかしたくないの？」

「だって、接客以外楽しくないもん……」

この答えには、さすがの青木店長も怒りたくなったが、巻物に書かれていることを思い出して我慢して説明をはじめた。

「接客が楽しいと思うことはよいことだね。でも、それ以外をやらないのはコンビニ店員としてはダメなんだ。ほかのスタッフは、オペレーションノートになんて書いてる？」

柴咲さんは、ノートを確認しはじめた。

「売場づくりが楽しい、清掃で綺麗に仕上げるのが好きです、品出しを時間通りにで

きると達成感がある、などと書いています」

「柴咲、そうだろう。みんな自分の強みが違ってもいいんだよ。ひとりでは、お店はできない。チームのみんなでやらないと。誰かが、サボると誰かの業務負担が増えて仕事が増える。柴咲のせいで誰かがアルバイトを辞めたら、うれしいか？」

「うれしくないです」

「そうだろう。みんなで取り組むことも理解できたね？」

「はい、接客以外の仕事も覚えていきます」

二人のアルバイトは気持ちを新たに仕事に打ち込むようになった。その後、二人が書くオペレーションノートの内容は次のように変化していた。

有村さんの場合

「最近、研修初日に書いた感想のような仕事ができるようになってきた。接客も楽しいが売場づくりのフォローが本当に楽しく、お客さまに仮説で考えた方法で販売できるとうれしい。課題は、データ分析をひとりでできるようになること」

柴咲さんの場合

「本日の夕方ピークは、最初の動きが鈍く、商品が残ってしまう感じだったので、フェイスアップ（商品が売れた後、残った商品を綺麗に前に並べる手法）に気をつけながらの声かけを徹底することで、いつもの売上を確保することができた。廃棄もなくよかったです。セールストークもしっかり声を出し、時間帯別の前年比がクリアできたのでホッとした」

青木店長は、実感した。商売素人の高校生・大学生でも商売人になれることを。そして、オペレーションノートのノウハウは、スタッフ全員に浸透させるべき大切な商売努力であることを。そして、コンビニにおけるコーチングとは、コーチングする側がただ努力するだけでは、アルバイトが間違った成長をすることを。

ベテランパートのマンネリ化をやる気に変える

それから、2カ月が経った頃に青木店長は壁にぶち当たり悩んでいた。

それは、ベテランのパートさんたちにどうやったらオペレーションノートに記入してくれるように動機づけできるかという悩みだった。

お店全体のレベルアップを店長が把握するためには、どうしてもスタッフ全員にノートになにか書いてもらう必要があった。そのキーマンが、パートのリーダー的存在の高島こうさんであった。

青木店長は、また巻物の続きを読んでみた。

店主の次に、存在感がある人物を味方につけたい場合は、「あなたの存在こそが店を変える原動力になっている」と頼ることが必要。特に、店主より経験値が高く、地域

のことに詳しい人が動く。そのときに店も動く。長く働いてくれていることへの感謝の言葉を忘れずに。

「そうか、話しにくいとか、こんなこと聞いていいのかな、とか思わずに素直に話を聞いてみて、具体的な行動を一緒に考えてみればいいんだ。よし、早速行動だ」

そうして、青木店長は高島さんに話を聞いてみることにした。

「高島さん、父親が倒れてから、お店を変えようと、わからないこともありながら取り組んでいるんだけど、どうしても、高島さんの力が必要なんだ。再教育のつもりで研修ビデオを見てもらい、オペレーションノートにその感想を書いてもらえないだろうか？　お願いします」

「え〜、なんか恥ずかしいな、初日の気持ちなんて何年も前の話で忘れちゃったし……」

「ここまで長く働いてくれたのは、本当にすごいことで、ありがたいと思ってます。父親に代わって感謝しています。一緒に、取り組んでくれるとうれしいんだけど？」

「私だけ？　ほかの全員にも同じことをさせるの？　だったらいいけど」

「はい、みんなやってもらいますね。高島さん、ありがとう」

こうして、その後高島さんも、顧客情報や商売を通して感じたことをオペレーションノートに書いてくれるようになった。もちろん経験がある分、内容は優良な情報が多い。なにより高島さんが書いてくれることにより、ほかの人への説得の時間が短縮されたことが大きかった。

再教育後の高島さんのコメントは次の通りである。

高島さんの場合

「5年ぶりに研修を受けて感じたことは、いまはあの頃とはいろいろ変わっていたこと。コンビニのサービスは時代に合わせた変化をするってよく聞くけど、その通りだと思いました。売場づくりにも挑戦しないといけないと思いました。少しマンネリ化していたので、気分が新しい気持ちにもなりました」

青木店長は、これを読み、感じた。

「どんなアルバイトさんでも、いずれマンネリ化するんだ。マンネリ化させないためにも日々の業務での気づきを伝えあうことが大切だし、新人アルバイトとベテランのパートが融合することで、より強い店へと成長させてくれるチームになるんだ」

特に女性比率が高いコンビニの職場では、主婦経験のあるパートさんが多い傾向にある。青木店長は、こうも思った。

「子育てを経験した主婦の段取り力やコミュニケーション力は店づくりに活用できる。最近では出産を機に退職したキャリア層の高スキル主婦も増えてきている。コンビニは優秀な女性が長く働ける場になるはずだ」

深夜バイトとのリレーションシップ

青木店長に変わってから3カ月。

青木店長は一般的な店長業務をこなせるようになっていた。最初の頃より余裕を持って店全体を見られるようになっていた。

しかし、あることが気になっていた。自分が働いている時間帯は売場の維持ができているのに、深夜の時間帯の売場の状態がボロボロであることが店舗チェックでわかったのである。

オペレーションノートにも、問題の傾向が顕著に現れていた。深夜アルバイトが書いていることのほとんどが、作業の延長線上の報告のみだったからである。

特に深夜アルバイトの大泉仁の売場の状態がひどかった。そこである夜、青木店長は大泉と一緒に勤務することにした。

いざ一緒に勤務するとよくわかった。大泉は、接客を優先するタイプではなく、作業を早く終わらせて、勤務終了までただカウンター内でぼーっとしているだけのサボりたいアルバイトだったのである。24時を過ぎたときに、店長は大泉に聞いてみた。

「大泉、なんでそんなにやる気ないように見えるんだ?」

そうすると、信じられない答えが帰ってきた。

「えっ、店長、やる気とかもともとないですよ？　深夜は、いるだけで十分でしょ？」

「なんでそう思うの？」

「だって、僕が店長たちとシフトで勤務することないじゃないですか？」

「……」

青木店長は、さすがに返す言葉がなかった。だが、この質問を聞いてみた。

「大泉は、ローソン嫌いか？」

「嫌いじゃないですよ。やる気がないだけです」

青木店長は、大泉に可能性がまだ少しはあると思い、帰って巻物の続きを読んでからまた一緒に勤務しようと考えた。

巻物にはこう書かれていた。


全員に、商売のことを書かせることに成功したとしても、店全体を変えることはできない。それは、リレーションシップが足らないからである。人は、誰でも評価・ほ

められたい感情の生物である。

青木店長は、「リレーションシップ」という言葉をグーグルで調べてみた。すると、関係・関連・つなぐと書かれていた。そこで、自分なりに考えてみた。

「ほかの時間帯のアルバイトに深夜の作業中心のアルバイトへの感謝の言葉をノートに書かせて、評価し、ほめてやればよいのか！」

早速、ほかの時間帯のアルバイトに伝えて、深夜勤務担当アルバイトへの感謝の言葉をノートに書いてもらうようにした。その後、青木店長は、再び大泉の深夜勤務に一緒に入ることにした。

「大泉、最近すこしはやる気出るようになったか？」

「別に、変わらないけど」

「じゃあ、ほかの時間帯のアルバイトのコメントはどう思うの？」

「いままではあんな風にありがたいと思われたことがなかったから、変な気持ちです。仕事してない、清掃ができてない、とかダメなところばかり注意されていたから」

「そうか、そんなこと考えていたんだな。教えてくれてありがとう。オレと一緒に勤務するのは嫌いか？」

「店長はちょっと熱すぎて困るけど、コミュニケーションを取ってくれるから嫌いじゃないよ」

「そうか、お前は、発注とか売場づくりとかはしたことあるのか？」

「暇だけど、やったことはない」

「やろうぜ。オレもまだ全然だけど。どっちが上手くいくか勝負だな！」

「だから、店長、熱すぎるって（笑）」

こうして、やっとお店全体のスタッフがつながるようになってきた。

店の販売数を伸ばすのは、ひとりではなく全員の一体感

青木店長の店は、まもなく売上が平均日販を達成するようになった。しかし、単品

コンテストなどのイベントではいつも売上が平均以下であった。青木店長はイベント上位に入っている店舗を見学することで、あることに気がついた。

上位店舗は確かに商品の陳列ボリューム・販促ＰＯＰが優れている。しかし、青木店長が一番重要だと思ったのは、店内に響くセールストークだった。

「今週の新商品は、ローソンのプレミアムロールケーキの季節限定商品です。是非、いかがでしょうか？」

そういう声かけ（ファーストアプローチ）を、新人からベテランまで、スタッフみんなが一緒になって実践しているのだ。

青木店長は店に帰ってすぐオペレーションノートにこのことをありのままに書いた。だが、自店のスタッフのセールストークはあまり変化がなく、できる人のみが専念する店内体制のままであった。

青木店長は、また巻物を手にとり、読みはじめた。

特定の商品の販売をダントツにする条件は、①販売目標設定数を全員で共有する。②チームワークを向上させる。③セールストークの言葉を誰でも言えるシンプルな言葉に統一する。この3つの条件を毎週実践する。

「チームワーク」をグーグルで調べてみた。

> **チームワーク【teamwork】**
> チームの店員が協力して行動するための、チーム内の団結や連係。また、そのような協力体制。

青木店長は思った。

「目標設定数をトータルと時間帯別にそれぞれ設定してみよう。そして、時間帯別の販売数を徹底して伝え、共有することにしよう。セールストークは、オペレーションノートに言ってもらいたい言葉を書くことにしよう」

これを実践することで、販売数はエリア平均を超え、上位に食い込むようになった。だが、トップ10以内にはなかなか入ることができなかった。

青木店長は、原因を分析した。すると、セールストークがまったくできていないアルバイトがいたことに気づいた。それは、新人アルバイトの有村さんだった。

「有村、だいぶ仕事は覚えたし、オペレーションノートの内容を見ても成長したと思うけど、セールストークはどうだ?」

「セールストークは、苦手です。恥ずかしいんです」

「誰に、恥ずかしいんだ?」

「お客さんです」

「有村、自分がお客さんで行ったお店で、いきなり店員に恥ずかしい顔をされたらどう思う?」

「なんか不思議な感じがします」

「そうだろう!　じゃ、一緒にやってみようか!　まずは、店長の真似してくれるね?」

「はい、わかりました」

「そうそう、できるじゃないか！　どう？　恥ずかしいかな？」

「いえ、大丈夫です」

「有村のセールストークでお店の売上が変わるんだよ！　ヨロシクね！」

「はい、頑張ります」

この日をきっかけに、店の販売数がエリアでのトップ10にランクインする日も増えるようになった。

売場づくりを指導し、少しずつ権限を譲っていく

一方で、接客が好きなアルバイトの柴咲さんは、順調に成長し、いよいよ売場づくりを覚える段階まできていた。

「柴咲、コンビニでは売場の作成って非常に重要なんだ。毎週、新商品が出てくるので、

店長ひとりで売場を作成するより、スタッフが役割分担をして専門性を出した売場づくりをするほうが、顧客満足度を高められるし、地域性を出すこともできるんだよ」

「なにげにコンビニって奥が深かったんですね。でも、私はお菓子が好きなんで商品は大好きです」

「そうか、商品が好きなことが大切で、自分が作成した売場からお客さんに売れたときはいままでの接客視点が変わるよ。そして、研修初日のように、売場をはじめて作成した感想をオペレーションノートにしっかり書いてほしいんだ。それが、次に入る新人アルバイトの大切な成長の源になる。柴咲、ヨロシクね」

「はい、緊張するけど、がんばります」


後日、改めて青木店長は柴咲さんにコンビニの売場のポイントを説明することにした。

「コンビニの売場は、30坪の中に、食に関する市場がすべてつまっている。コンビニ経済学と言っても過言ではない。そのアイテム数は、３０００前後で構成されているんだ」

「そんなにあるんですか」

「そうさ。それでも、百貨店やスーパーとはアイテム数では圧倒的に太刀打ちできない。コンビニの商品は、厳選されたエリート商品なんだ。でも、同じ商品なら販売数ではコンビニのほうが販売力がある。その一番の理由が、店舗数がものすごく多いことなんだ。販売力があるから、キャンペーンや販促も実現できるわけ」

「なるほど、小さな売場に経済がつまっているんですね。おどろきです」

青木店長はさらに続ける。

「コンビニの売場は住所のように商品ごとに、カテゴリーという名称で分けられている。おにぎり・弁当類の食事系、カウンター内のファーストフーズ、ソフトドリンクやカップ麺等の加工食品、生活関連や化粧品等の日用品などだ。それぞれに担当すると、さらに小分類に分けられる。スタッフの勤務数・時間帯によって、売場づくりの役割分担が決まるんだ」

「そうなんですね」

「一番重要なのは、自分のお店だと思って仕事をやること。高校生や大学生が起業するのって難しいと思うよね。でも、この経験は、柴咲に商売のことを自然と教えてくれる。いまは理解できない部分もあるだろうけど、社会人になったときにきっと役立つよ」

「コンビニの店づくりってこんなに奥が深くて、効率を追求しているんですね。自分のお店って感覚がうれしいですけど、その分、責任が怖いです」

「柴咲、大丈夫。しっかりと店長と相談してコミュニケーションを取った行動であれば、責任はオレにある。唯一してはいけないことは、なにも考えずに適当に発注することだ」

「それだったら、私にもできそう」

「そうだろう？　次に売場でのポイントについて解説するね。いいかい？」

「はい、お願いします」

「ローソンの売場づくりの基礎は、お客さまに見やすい商品配置をすることで、3つの特徴がある。1つ目はゾーニング。これは、お客さまが買いやすいように商品の関連性を考えて陳列すること。よい売場の条件は、お客さまが売場の前に立ったときに同じ商品特性を持つグループをひと目で見られる売場だ。同じゾーン内ではお客さまの目線は上から下に動く習性があるので、それにも気を配ること」

「お客さまが買いやすくする技術がゾーニングですね。わかりました」

「2つ目が棚位置。最上段から二段目に売れ筋商品や新商品を陳列すると、よい売場に変わる。ただし、商品の種類や棚の角度・種類によって、最適な位置が変化するので注意も必要だね」

「なるほど、そんなきめ細かい売場の工夫があるんですね。3つ目はなんですか？」

「3つ目は商品陳列。お客さまが棚の商品を見るときは左から右へ目線が動く。だから、棚の中央に売れている商品・新商品を陳列すると、さらにアピールできる。商品のフェイス数（前面に並べる商品数）も、1フェイスのときと5フェイスのときでは売れ行きが2倍以上違う。この売場づくりの基礎を忘れずに徹底してくださいね」

「わかりました」

「最後に、売れる売場＝お客さまに評価される売場なんだ。お客さまの欲しいものが欲しいときにある売場&潜在ニーズを発見するための情報収集を店長だけでなく、高校生・大学生に関係なくアルバイト全員で取り組んだ」

「ここまで、科学的に買い物を分析しているんですね。正直おどろきました。商品を見やすく、取りやすくできるように心がけて売場を作成していきます。なんか、本当に自分で小さな商売をはじめる気分です」

その後の1回目のトレーニングでは青木店長が率先して柴咲さんに売場の解説・売場作成の見本を見せて、覚えさせた。2回目は、まず柴咲さんに売場づくりをさせて前回の行動を覚えているかどうか確認し、ポイントをふまえて説明し、修正した。3回目は、ほとんどの作業を柴咲さんにさせ、ほんの少しだけ青木店長が修正するようにした。

ここまでの段階で、レジ接客や品出しと同じようにアルバイトの売場づくりの作業の部分の習得は完了する。これを実践していけば、日々の接客で得られる顧客情報・本部先行情報を組み込みながら、いい売場づくりが自然にできるようになるはずだ。

青木店長は、売場づくりは「なんとなくまかせる」ことで、自ら考え商売をするアルバイトに成長できることを理解した。

アルバイトの育成と店が成長する2つの達成感を感じていた青木店長は、このまま巻物に書かれている続きを読みはじめていた。

基本作業を覚えたアルバイトたちが次なる成長を手にするためには、店長・アルバイトが相互コミュニケーションを通じて権限委譲をする。そうすることで、お店の成長が地域一番店へ近づいていく。

この頃、青木店長は、グーグルでの調べ方を熟知しはじめていた。

権限委譲とは
上司のもつ権限を部下に与え、任せること。権限委譲の目的は、上司、あるいは経営者の権限を部下に委譲することで部下に責任をもたせ、部下のモチベーションを高めること。

地域一番店とは

価格・品質・品揃え・接客など、すべての商売的要素、あるいはその一部が、地域においてNo.1である店のこと。規模の一番店として出店してくる大型店・量販店に対応するために中小小売店が目指すべきあるべき姿。

青木店長は考えた。権限委譲を促進してまかせる体制にすることで一部のカテゴリーだけでも地域一番店を目指せるのではないか？

明確な行動基準ができた青木店長は気づかぬうちにコンビニの経営にのめり込んでいたのである。

戦略と組織のバランス関係を知る

そんな頃、青木店長は父親の見舞いに病院まで来ていた。

「おっす、体調はどう?」

「お～、健太郎か! だいぶ休ませてもらっているよ。ところでコンビニ経営はどうだ?」

「あ～、あれだけの商品があって、フランチャイズ・システムはすごいと思う。子どもの頃は、部分的な接客や品出し等は手伝っていたけど、1日の流れを経験すると、改めてそのすごさを実感するビジネスだね。本部のスーパーバイザーも毎週来て、本部施策を熱心に指導してくれる。フォロー体制がしっかりしていると思う。現場で働くパート・アルバイトさんは社員ではないから、考え方や働く動機がバラバラなんだよね。でも、教えることや、育てることがおもしろく感じてる。あの巻物のおかげだよ」

「そうか、健太郎は商売経験がないから、あの巻物の内容を素直に受け入れて行動すると俺は思っていたんだ。俺があの巻物を手にしたときはすでに50才で、いまさら商売マインドを変えて体に染みついた商習慣を100%消すことはできなかった。だが、書いてあることはどれも興味深く、何回も読んで部分的には実践したからな。結果、危機的状態からは回復したんだ。もし、将来的にお前に店を継承するときが来るなら、手渡ししてしっかりと伝えようと考えていたんだ」

「オレも、売場づくりとパート・アルバイト育成は似ている気がするんだ。でも、商品には売れる時期のトレンドがあるけど、パート・アルバイトには感情があるから規則性はない。この違いを十分に理解して、コーチングの手段を使えば戦力化できると思う」

「すごく、よい視点に気づいたな。これからが楽しみだ。俺の体調が治るまで、店は頼んだぞ」

「うん。父さんが、10年間地域に根ざした商売をしてくれたおかげで、顧客にも支えられている。でも、いま、店長ひとりの力では販売力に限界があることに気づきはじめているんだ。競争が激しい時代に生き残るためには、今後、一人ひとりのスタッフがお店と一体化して、ダントツの販売を記録して、地域一番化を目指す必要があると思うんだ」

「そうか、支店の上位にランクインするなんて考えてもいなかったけど、その宣言を聞いたら俺の体調も回復しそうだよ。全体の売上では勝てなくても、なにか一点に集中して取り組めば、トップクラスにはなれるかもしれないな。本当に、楽しみになってきたよ。地域のお客さんと店、そして、働くパート・アルバイトさんを頼むな」
「うん、やってみるよ！」

病院からの帰り道も、青木店長は店内体制づくり（組織）のことを考えていた。そして、バックルームに戻ると、あの巻物を熱心に読みはじめた。

アメリカの経営に通じる学者二人はこのように説いている。A・チャンドラーは「組織は戦略に従う」、I・アンゾフは「戦略は組織に従う」。どちらが言うことも正しい。店も「組織と戦略は、相互作用のなかで形成される」。組織と戦略のどちらが優れていても駄目で、パワーバランスがとても重要である。これを実践できれば現場の数値は、飛躍的に向上する。

青木店長は、もう知らないことをグーグルで調べることが習慣化していた。

《チャンドラーの理論》

「組織は戦略に従う」〝Organization Follows Strategy〟

戦略の選択が組織構造を規定するということを示した。戦略が決定すれば、その戦略に適した組織デザインが採用される。

《アンゾフの理論》

「戦略は組織（風土）に従う」〝Strategy Follows Organization〟

新たな戦略が策定されても、変革に対する組織の抵抗によって、戦略はほとんど実りを結ばない。戦略の実行を期するには、組織文化や組織能力と絶えない組織学習が必要。

青木店長は、いままでの育成について商売思考でより深く考えた。

「ローソンの戦略はすごいんだ。40年の歴史があり、マチと健康を意識した商品を開発しようと本気で取り組んでいるのがオレでも理解できる。それを現場で具現化するためには、店内で継続的に言い続け、なおかつ学習形式の学びの場が、パート・アルバイトには必要なんだ。そのためには、コンビニの場合、朝礼が重要だ。これからは時間帯ごとのシフトに入るメンバーを小チームと考えて朝礼を実践していこう」

翌日、青木店長は朝礼で言った。

「有村と柴咲、おはよう。今日から朝礼は毎日するよ、これからも一緒にお店のために頑張ってほしいんだ！」

「はい！　でも、店長、お店のためってどんなことなんですか？」

「そうだな……」

青木店長は、珍しくだまってしまった。「この店のため」って、いったいどういうことなんだろう？

そうすると、柴咲さんが口を開いた。

「店長って、売場作成しているときと単品の販売をお客さんに率先して接客しているときがなんか楽しそうだよ！　そんな感じじゃないの」

「柴咲、そんなとこ、見てくれてたのか？」

「前のバイトでは、こんなに店長と話すことはなかったし、楽しそうに働いている姿を見ようとも思わなかった。ほめてくれる店長の店って居心地よいよ！　なんか部活や学校の教室みたい。家でも、両親にアルバイトのことを楽しく話しているんだよ」

「ありがとう。もう少しお店のためってなんなのか考えてみて、明確に言えるようにするね！」

　青木店長は、心のなかではとても嬉しかった。パート・アルバイトは時給が目当てで、店長や経営者のことなどに興味がないと思っていたからだ。しかし、それは経営者・店長の思い込みで、コミュニケーションの手段を正しく取れば、間違いなく店内体制は成長していくのだ。

　そして、教える側の自分が限られた時間に事実のみを正しく伝えることが、成功確率をもっとも上げることに気づきはじめていた。

毎週、「伝えるべき施策の内容」はある。もうひとつの大切な視点が、「それを相手が正しく理解しているか」ということである。

それを実現するためには、以下の3つの要素が必要だ。

・パート・アルバイトの視点でわかりやすくシンプルに伝えること
・伝える情報量が過多にならないように圧縮してポイントのみに集中すること
・伝える理由を相手に納得してもらい感情をコントロールすること

このことを毎日教える側が考え、行動することで自らの指導力がおのずと鍛えられ、向上することを青木店長は実感していた。

そして、コミュニケーションには必殺技など存在せず、相手が動くまで繰り返し伝える行動こそが必要不可欠なことを理解した。

青木店長は、巻物の続きをワクワクしながら読み続けた。

マズローの欲求階層説を理解しほめる店内体制づくりとはなにか（アメリカの心理

学者であるA・マズローの「欲求階層説」からみる商売の動機を知る)。

A・マズローの「欲求階層説」

第1段階　生理的欲求

・人が生きる上での服を着る、食事をする、家に住む等の根源的な欲求

第2段階　安全欲求

・身体的な安全を求める欲求

第3段階　所属欲求

・集団に所属したい、仲間がほしい欲求

第4段階　尊敬欲求

・自分が、所属集団で価値ある存在と認められたい、尊敬されたい

【企業成長と個の 成長が共感状態の階層】

第5段階　自己実現欲求

・自分の能力、可能性を発揮し、創造的な仕事や自己成長をやりがいと感じる

・自分の仕事を天職だと思える領域

これを読んで、青木店長は、今までの店の成功と失敗を分析・検証して考えていた。「仲間がほしい、仲間にほめられたい階層の所属欲求と尊敬欲求にアプローチすればいいんだなぁ〜。うちの店はまだ、第3段階に入った新人レベルの店だからコーチングの心理学と感情移入を活用してみよう」

また、調べてみると次のようなことがわかった。

心理学と感情移入

心理学のなかに「主題統覚検査（略称TAT）」という検査がある。この検査は、テーマがはっきりしていない写真や絵を何枚もひとりの人に見せて、その絵について　現在―過去―未来にわたる物語をつくるシンプルなものである。同じ絵を見せても、明朗で幸福な過去をもった人がつくった物語と、憂鬱《ゆううつ》で暗い過去をもった人のつくった物語では、ストーリーに大きな差が現れてくる。

これを知った青木店長は、こう思った。

「そうか、パート・アルバイトさんたちに感情移入してもらうためには、店舗の物語（ストーリーづくり）が大切なんだ。それが目指すべきあるべき姿と同調状態なら、店もスタッフも成長できるはずだ」


次の日、青木店長はニコニコしながら勤務していたところを高島さんに声をかけられた。

「店長なんか嬉しそうね。いいことでもあったの？」

「あっ高島さん、実は、店のためにみんなに働いてもらう前に、みんなにこの店、このコンビニで働けば自分が成長できると思えるような職場づくりをすることが大切なんだと気がついたんです」

「そうね。毎回、レジ・品出しだけじゃ、家の家事と同じで楽しくないもんね。みんな生活環境はちがうけど、家より外の空気感のなかで働くのが好きなんじゃない。そこに、私を見てくれている居場所みたいなのがあると働きやすいんじゃないかな。みんな口には出さないけど、居場所を探していると思う」

「高島さん！　それだ！」

「えっ店長！　なに？　いったいどうしたの？」

「明るく元気で、居心地がよいお店をお客さまに提供するのと同じように、パート・アルバイトさんも第二の顧客の位置づけで育成していけば、その先に居心地のよい店ができるってことですよね？　その段階になったお店は、自然と自ら働く集団が増えるので、おのずと強い店になるんだ！」

「いきなり難しいこと言うね。店長って、ちょっと変わってるわよね。商品優先の売れてよしのお店を見ることがあるけど、従業員満足度を育成に取り入れるのってなかなかないわね」

「父親と同じやり方で店を変えることができないからこそ、スタッフみんなに助けてもらわないと、地域の顧客にも満足してもらえないから。もちろん、父親が大切にしていた部分を消すことなくね」

「これからのこの店が楽しみよね（笑）」

この頃、青木店長の勤務歴は6カ月を過ぎていた。

パート・アルバイトの成長もあってドンドン店の販売を伸ばしており、コンビニ経営のおもしろみを実感していた。素人店長であった面影はもうない。

ビジョンを創り、明確に伝える

青木店長は、店舗ストーリーをどのようにして店の全員に伝え、モチベーションアップに役立てるか悩んでいた。

また、巻物の続きを自然と読みはじめていた。

店の物語は、相手に可視化してこそ伝わる。可視化での重要なポイントは、ビジョンを具現化して自分の言葉で語れるかどうかである。最先端の技術で開発したエンジン（人・消費）を搭載した新型車（店）でもガソリン（ビジョン）がなければ、決して動

かない。ガソリン（ビジョン）があるからこそ、車は、炎を燃やして動くのである。

ビジョンを調べてみた。

ビジョンとは

将来のある時点でどのように成長していたいか、などの構想や未来像。またそれらを文章などで作成したもの。会社全体の未来像を経営計画（ビジョン）、事業の未来像は事業計画（ビジョン）、組織の未来像は組織計画（ビジョン）などと呼ばれる。また、個人の将来像をキャリアビジョンなどということもある。

「よし、このエリアでの1番店を目指したい。目標数値もそれに合わせて、時間帯ごとの販売力とアルバイト戦力で分析して、役割分担を決めていこう。まずは、この季節で重要な役割を占めるコンビニおでんの販売でエリア1位を狙おう」

青木店長は、そう計画した。

翌日の朝礼で、青木店長はおでんのキャンペーン期間について、以下のように語った。

「本日から開始するおでんのキャンペーンは、このお店でも大切なイベントです。いままでは、トータル目標と時間帯別の販売目標を設定していたけど、今回のイベントは、エリア1位の販売を目指したい。スタッフ各個人にも目標を設定してもらいたい。店長からの命令的な目標にはしたくないから、勤務のパートナーとともに、自分たちで個別目標を設定してほしい。もちろん、目標値は天候や客層の変化によって変わると思うが、朝・昼・夜で、こちらからも指示していきます」

有村さんが口をひらいた。

「店長、エリア1位になるためには全部で何個くらいの販売を目標にするんでしょうか」

「この店の販売力では、おでんは1日平均100個ぐらい売れる商品ですが、エリア平均では180個売れる商品なんだ。この店の客数はエリア平均なので、ポテンシャルとしては、平均200個以上は売れると思う」

「200個ですか〜。おでんはどんな商品なんですか？」

「コンビニおでんは、ローソンが強みをもつカウンター・ファストフーズの代表商品で、ほかのコンビニ商品と違ってひとり当たりで購入される品目が非常に多い。また、リピーターが多い商品です」

「どうやって売っていくといいでしょうか」

「お客さまへの声かけは、『今晩のおかずに、おでん、いかがでしょうか？』等の食事するシーンをイメージさせるとよいと思います。お客さまがカップを持っておでんを選んでいる場合は、まとめ買いしてもらえるチャンスなので、売れ筋商品や今年のおすすめ商品をアピールすること。そうすれば、1時間で100個以上の販売も見込める。キャンペーン中はセールで価格がお得なので、通常は単価が高い商品もおすすめして、試してもらう。そうして味を知っていただくと、セール終了後も買っていただけるようになり、単価を稼ぎやすくなる」

「そんなに販売手順が綿密に計算されたイベントなんですね。がんばってみます」

「この店のヤマ場は、週末の金・土だから、その2日間は目標数を500個に設定している。まずは、1日だけでもエリア1位を目指そう」

その週、おでんアプローチは絶好調で、平日でも販売数が250個を下回る日はなかった。週末の最大販売数はおしくも480個と、目標の500個到達はできなかったが、単日エリア3位に入る大健闘を見せた。

青木店長はこの単品販売の達成感をスタッフが感じているときこそほめるチャンスだと思っていた。

そして、次のおでんキャンペーン期間に青木店長は動いた。それは朝礼のときである。

「前回のキャンペーンでは、お店として販売数がすごく伸びました。本当にみんなのおかげです！　ありがとう！　今回は、目標の500個をなんとしてでも達成したいです。そこで、あるアイデアを思いついたので発表します。それは『おでんバッチ』です！　お客さん向けではないんだけど、オリンピックメダルの金・銀・銅みたいに、販売力の差を色で分けたバッチをみんなの名札につけてもらいたい。評価は、店長が数値を分析する第一評価と時間帯の実績&セールストークの徹底度で決めていきたいと思います」

柴咲さんが青木店長に質問した。

「おでんバッチってどんなバッチなんですか?」

「『おでん魂』と『おでん看板娘』と書いたものを色分けしたものです」

青木店長はさらに続けた。

「前回の課題点は、ピーク時間帯におでんの品揃えにバラつきがあり、仕込みの徹底度が悪かったこと。この部分の改善が今回の販売数を大きく伸ばします」

有村さんが意見を言った。

「どんな店舗モデルを全員で共有すればよいんですか?」

「有村、いいことを言ってくれた。店舗モデルは、言葉で言うだけではみんなが忘れてしまうかもしれないので、イメージをビジョンシートにしてみたんだ。今後のお店づくりのビジョンも、一緒にバックルームに宣言したいと思う」

そう言って、青木店長は、バックルームにひとつの張り紙を張った。

「これは、いまいるメンバーはぜひ覚えてほしい。そして、今後新しく入ってくる新メンバーにも必ず見るように伝えてほしいんだ」

ビジョン・シート

「店内体制」とは？

「店内体制」とは、お客様から支持される「お店づくり」に向け、**「加盟店経営者・店長とアルバイトさん全員が、お店の目標・目的を共有し、組織的に業務を行う」**ための体制づくり

1. お店全員で「商売を考える」
全員参画という意識を持つ

みんながアイデアを生み、みんなで考え、行動する

2. お店全員が「商売を理解する」
意思統一による
店舗目標の共有化

目的と目標の全員共有

3. お店全員で「商売を行動する」
商売を通じた自己成長をするために挑戦・行動を継続する

みんなが接客、声を出す
みんなで商売行動する
「アルバイトがアルバイトを育てる環境」

その週、おでんの売上は前回より好調に推移した。

そして、最大販売数が見込める勝負の金曜日を迎えた。その日、青木店長は朝礼で以下のように話した。

「今週の販売数は、ここまでで1日平均300個はクリアできそうです。でも、今日は最大販売数800個を目指したい。これには、みんなの力がいるから全力で取り組んでほしい。よろしくお願いしますね」

その日、アルバイトたちに変化が起こりはじめた。シフトの交代のとき、販売数を引き継ぐシフトメンバーは前のメンバーに、自ら状況確認と今日の顧客の反応を聞くようになった。おでん販売への当事者意識が、ぐっと高くなったのだ。

そうして、金曜日の店の販売数はなんと850個をクリアして、エリア1位を獲得することができた。初めて表彰される経験を、青木店長率いるお店のメンバー全員で達成できたのである。

数日後の店舗ミーティングで、青木店長は今回のおでん表彰について話しはじめていた。

「正直、柔道以外でこんな感動に近い感情や達成感を経験したことはない。本当に、みんなのおかげだ、ありがとうね。この結果は、店長ひとりでは絶対にできなかった。みんなの協力があったからこそ実現できたんだ。８００個の目標を宣言したときは、成功のイメージより不安だらけで売れなかったらどうしようと悩んでいたんだ。そんなときに、みんなが時間帯別にしっかりと役割を全うして販売につなげてくれた。みんなは、もうオレにとって仲間みたいなもんだね」

そうすると、有村さんが話しはじめた。

「私が表彰メンバーになるなんて想像もできなかった。しかも、こんな風に。周りに必要とされて期待されるのも初めての経験だったから」

それを聞いて、青木店長が言った。

「経験上、成功にまぐれはないと思うよ。このお店には主役になれるスタッフがたくさんいるんだ」

柴咲さんも話し出した。

「なんか、わからないけど、ずっとこんな仲間みたいな関係がほしかった気がする。コンビニおでんって、みんなで取り組めば信じられない数が売れるし、お客さんとの会話が前より断然増えました。また、さらに接客が楽しくなりそう」

高島さんからも発言があった。

「いろいろとみんなで話しあって決めたことが成功したらうれしい気持ちに、失敗したら残念な気持ちになるわよね。でも、コミュニケーションがないとただの作業になってしまい、味方に知らないうちに不満をぶつけてしまってたのね。パートでもほめられたり、表彰されるとうれしいもんよね」

最後に、青木店長がみんなに向けて言った。

「これからも、さらに仲間を信頼しきることで店を支えていきたい。このチームは、オレにとって最高のチームだね！」

先輩アルバイトに新人アルバイトの育成をまかせる

初めての研修初日に感想を書いてから、有村さんも柴崎さんも新人アルバイト期間を終え、一人前のアルバイトとして成長していた。

そんなとき、青木店長はあることを考えていた。

「父親が倒れたときのように、アルバイトのリーダーが急に退職や体調不良に陥ったとき、お店の戦力が低下するのを防ぐためには、どうすればよいんだろうか？」

そして、また、巻物を手にして読みはじめた。

店長だけがアルバイトを育成すると、一体誰が決めたのか？　そこに答えがある。店の業務は店長がいないとできないのだろうか？　そこからの脱却を可能にすれば、パート・アルバイトだけで店が運営できる体制づくりが実現する。古来からの伝承・伝統には、更なる強さの追求の秘訣が眠っている。

青木店長は、この頃になると、調べることにワクワク感を持っていた。

伝承と伝統の違いとは

【伝承】

1 伝え聞くこと。人づてに聞くこと。

2 ある集団の中で、古くからあるしきたり・信仰・風習・言い伝えなどを受け継いで、そのまま後世に伝えていくことである。

【伝統】

一般に思想・芸術・社会的慣習・技術などの人類の文化の様式や態度のうちで、歴史を通じて後代に伝えられ、受継がれていくものをいう。またある個人または集団・時代などの特性が受継がれていく場合をいうこともある。伝統は同じ技術や材料を使いつつも新しいことに挑戦し革新していくものだと考えられている。

「そういうことか！　お店・商品は時代の変化に合わせて革新していくことが伝統になる。コンビニの場合は働く人は若い世代が多いので、ある期間での入れ替りは受け入れ、育つ環境づくりを継続していくことを選択し、専念しなければならないんだ。よし、有村さんと柴崎さんに新人のアルバイトさんを研修してもらおう」

ちょうど有村さんに憧れてアルバイトをはじめた篠原希さんが研修をはじめる時期であった。

篠原さんに研修初日の感想コメントを聞いたり店舗ストーリーを説明したりするのは、青木店長の役割だった。しかし、それ以外の時間帯の作業については有村さんに教えてもらうことにした。ただし、「業務の不安要素や悩みは店長に聞いていいよ」と、篠原さんに伝えておいた。

一方で、青木店長は有村さんにもあらかじめ面談をしていた。

「有村、最近どうだ？」

「コンビニのバイトは楽しいけど、来年から就職活動をするか大学進学を目指すかで悩んでいるんです。私には強みがないから、進路先を親や先生にも上手く伝えられないです」

「そうなんだ。だったら、有村さえよければ、新人アルバイトを教えてみないか？　人にものを教えることはすごく自分の成長になるんだ」

「えっ、店長！　私がなにを教えるんですか？」

「有村は知らないと思うけど、コンビニの経営は、とても興味深いビジネスなんだ。アルバイトであっても、人にしっかり教えた経験は就職の面接で話せると思うよ。頭で考えた実体験のない話より、現場で頭と体を使って体験したことは、説得力が違うと思う。お金をもらって社会人経験ができると思うと、安心だろ？　もちろん、責任はすべて店長のオレにあるから安心してやってみてね！」

「うん、不安はあるけどコンビニ好きだからやってみる」

こうして、有村さんの新人アルバイト育成がはじまった。彼女はまだアルバイト経験1年未満の高校生である。

高校で部活はしたことのない有村さんであったが、新人の篠原さんに基本業務を教える仕事は、スムーズに進行した。

これには、オペレーションノートが大きく役に立った。日々の出来事がアルバイト全員によって書かれているので、新人アルバイトは素直に実践できた。

そして、2週間が経ち、青木店長は有村さんと面談をしていた。

「どうだ、新人アルバイトを教えてみて?」

「最初は緊張したけど、2回目以降は、ほかの業務と変わらないぐらいの感じで教えられました。ただ、彼女は覚えるスピードや質問してくることが私と違うことがあって、戸惑うこともありました。私が新人で緊張していた頃を思い出すと、少しは成長できたかなと思います。そういう自分の体験をふまえながら教えられています」

「そうか、それはすごくよいことだな。就職の面接でも言えそうなことができそうじゃないか」

「はい、店長がそういう話をしてくれて、親に話したらすごくよいことだとほめてくれました。家は遠いですけど、うちの店に買い物しに行こうと言ってましたよ」

「それは、なんか照れるけど、うれしいね（笑）」

その一方で、青木店長は、新人アルバイトの篠原さんの習得度を確認するために、面談をしていた。

「篠原さん、アルバイトをはじめてどうだ？」

「はい、有村さんは学校の先輩で知っていたのですが、学校では目立っていなかったので話したことはなかったんです」

「そうなんだ、学校ではそんな印象なんだね。仕事場のイメージとは、ずいぶん違うね」

「でも、コンビニで働いているときは声も出ているし、なんか楽しそうに売場で品出しをしていたので、私もここで働きたいなと思ったんです」

「実際、有村さんに教えてもらってどうだった？」

「すごい丁寧で、的確に教えてくれますし、教えながらもしっかりお客さんに接客している姿勢は、なんか大人に見えました」

「なるほど、そんな一面を感じていたんだね。ほかになにか困ったことはなかったか？」

「いえ、いまのところは大丈夫です。もし、店長に教えてもらっていたら、私もっと緊張していたのかもしれません。でも、有村さんに教えてもらえるなら、うちの学校に、ここでアルバイトをしたい子がほかにもいるかもしれません」

「そうか、それはいいね。是非、聞いてみてよ」

青木店長は、このときに2つのメリットを感じていた。ひとつ目は、アルバイトがアルバイトを教えることでさらなる戦力強化ができること。もうひとつは、普段聞けないアルバイトの本音をアルバイトのほうから話してくれることである。

店長が店長業務に専念できる店は、必然的に店舗力が向上していく。青木店長は、そんなお店を実現しようとしていた。それには、基本レベルのさらなる底上げを徹底できる「ＱＳＣチェック」に全員で取り組む体制が必要であった。

QSCで店舗を鍛える

おでんのエリア1位を獲得してから、販売コンテストでは毎回上位に食い込むまで成長してきたお店だが、青木店長には、もうひとつの目標があった。ローソンの「3つの徹底」（後述）を、エリア平均からトップクラスにランクインさせることである。これも、店長ひとりでできるものではなく、アルバイトたちの協力と理解がなければ実現できないものであった。

青木店長は、いつものように、巻物の続きを読みはじめていた。

商売には、基本の型が重要だが、武道の世界でよくいわれる守破離の発想が必要なのである。そして、その正しい発想は全員でQSCに取り組むことで成功確率を上げ、商売を鍛えることができる。

青木店長は、「守破離」を調べてみた。

守破離とは

柔道や茶道などで、修業における段階を示したもの。「守」は、師や流派の教え、型、技を忠実に守り、確実に身につける段階。「破」は、他の師や流派の教えについても考え、よいものを取り入れ、心技を発展させる段階。「離」は、ひとつの流派から離れ、独自の新しいものを生み出し確立させる段階。

これを見て、青木店長は、ヒラめいていた。

「これは、柔道の鍛え方に似ている。いまの店舗を分析すると、『守』の状態から地域一番店に近づく『破』の状態にある。この状態を進化させ、『離』の地域特性がある独自の店づくりを実現しないとだめだ。よし、QSCに本気で取り組もう！」

青木店長は、さらに「QSC」を調べてみた。

QSCとは
Q（Quality＝商品の品質）
S（Service＝サービス）
C（Cleanliness＝清潔）
を意味し、店舗オペレーションを通してお客さまにこころから満足を与えるために必要な店舗ビジネス成功の3要素。

「QSCは、スポーツにおけるトレーニングに似ている。ただ筋肉を鍛えるだけでは、決して筋肉は大きくならない。栄養をしっかり取らなければ最大成果を得ることができない。そして、トップクラスになろうとすれば回復のための休養がとても大切だ。筋肉×栄養×回復、この3つのバランスが肉体を決めるのと同じで、QSCもその3つのバランスがお店の強さを決める。仕事の筋肉を鍛えることにより、前はできなかったことができる店になるんだ」

ローソンのＱＳＣは、次の「３つの徹底」が基本である。

ローソンの３つの徹底の考え方

１「マチのニーズに合った品揃え」

Ｐｏｎｔａデータの分析と発注精度の向上で実現

２「お店とマチをキレイに」

ＦＣ加盟店やお客さまとともに地域美化を推進

３「心のこもった接客」

接客でお客さまに商品の価値を伝える

青木店長は思った。

「単なるＱＳＣではなく、ローソンではローソン独自の表現をすることで、個客アピールとアルバイトに対するローソンイズムを浸透させようとしているのではないか？　我々、現場で働く者がこれを十分に理解してスタッフに伝えるべきじゃないのか！」

青木店長は、お店で「3つの徹底」に取り組む前に、店舗ミーティングを開いた。

「3つの徹底は、このように構成されているけど、いままで自分がお客さんとしてコンビニに行って、嫌な体験をしたことはないか？」

有村さんが言う。

「う〜ん、レジの対応が悪いと、なんか買い物に来たのに損した気分になる」

柴咲さんは、こう言う。

「欲しい商品が売り切れていたり、店が汚かったりすると、その店では絶対に買わない」

高島さんが続ける。

「やっぱり、店員の声が小さかったり、袋づめが汚かったりするとなんか嫌ですね」

最後に、篠原さんが言った。

「釣銭を投げて渡す店員さんがいて嫌だった。ほしい商品が売り切れているのも嫌」

これを聞いて、青木店長は不思議に感じていた。

「本部指導では商品の品揃えを優先する傾向があるのに、従業員の顧客視点は、ほとんどが接客に関する不快感なんだな。この矛盾を解消することが、成功確率を上げる鍵になるのではないだろうか」

店舗ミーティングの最後に、青木店長は言った。

「みんな、3つの徹底の評価項目は知っているか？」

有村さんが答えた。

「お店を評価する3つの徹底は知っているけれど、評価項目までは知らないです」

「いままでは、出た評価数値しか報告していなかった。でも、それではいつ来るかわからない本部の覆面調査員から高い評価を得ることは不可能だと思うんだ。でも、評価表は項目が多いので、一人ひとりにオレが教え込むのも不可能だ。そこで、みんなに明日から必ず1回、自分たちが3つの徹底をできているか、その評価を顧客視点でつけてほしい。時間も3分以内でやってほしい。ヨロシクね！」

「はい、わかりました」

「では、どんなことをするのか説明するね」

青木店長は続けた。

「3つの徹底は、店を品揃え・接客・清掃に分けてチェックするんだけど、なにも考えずにチェックすると意味がないんだ。それぞれに出来栄え基準（※ローソン用語）があり、その基準を満たしているかどうかを正しく顧客視点でチェックしてほしい。そして、なぜできていたのか・なぜできていなかったのかをオペレーションノートに簡潔に書いてほしい。その書かれたことが店のメリットや課題点になるから、ヨロシクね」

「わかりました」

「この評価項目を覚えると店の見え方が変わってきます。見え方が変わると、そのときどきに合わせた最適な行動が自然と取れるようになるからね。また、店が地域一番化にグンと近づくね」

店のあるべき姿（3つの徹底）

アルバイト全員が3つの徹底を理解して
店舗チェックすることで強化
⇒ QSCチェックは、誰でもできること

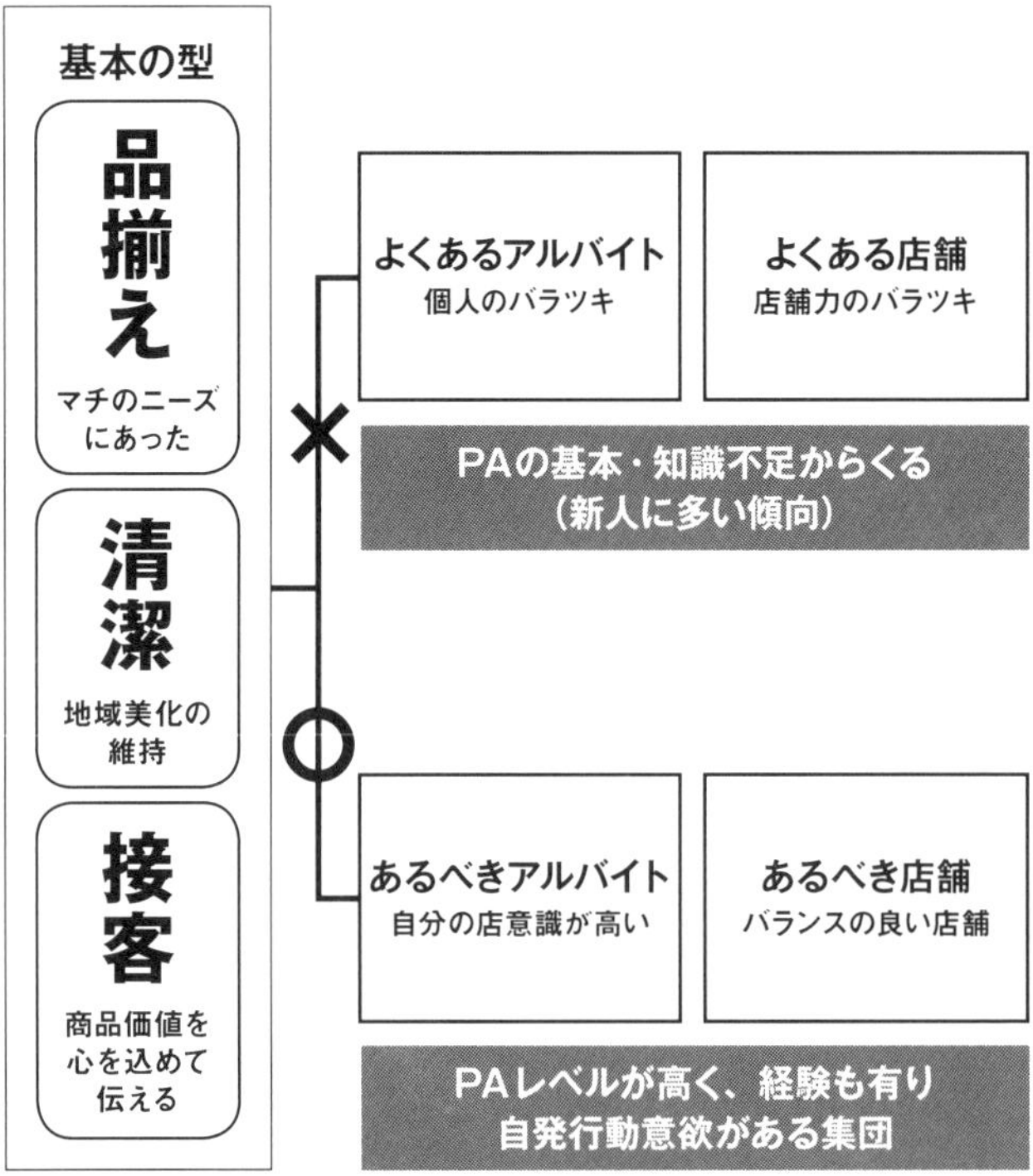

※PA：パート・アルバイトのこと

それから、毎日、パート・アルバイトが自分たちを評価した「3つの徹底評価表」がオペレーションノートに書かれるようになった。1カ月が経過したときに、青木店長はその評価表の平均値と時間帯ごとのバランスを分析した。そして、あることが見えてきたので、店舗ミーティングで発表することにした。

「この1カ月、慣れない3つの徹底評価チェックをしてくれてありがとう。お店の分析がだいぶできたよ。朝、昼、夕方の3つで分析すると、朝、昼はピーク前後の評価点数が下がる傾向があり、なかでも大きな点数差がある項目は、品揃えについての項目だった。夕方は、20時以降の接客に対する項目が低下して、ポイント確認や笑顔等の項目が弱くなっている。夕食需要が見込める時間帯なので、サラリーマン・OL等にはしっかりとした接客とPontaカード確認に取り組んでもらいたい」

高島さんが言った。

「たしかに、品揃えは課題点だったけど、どうすれば満足度を上げられるかがわからなかったのよね。でもチェックをすることで、この基準を維持すればクリアできると理解できたのがよかったです。もう少し改善がいりますけど」

有村さんがつけ加えた。

「どうしても20時は納品と品出しの時間帯が重なるので、接客を早くすませて品出し時間をつくらないとダメだと勝手に思っていました。でも、晩ごはんを目当てにくるお客さんにしっかりとした接客をすることで、満足度を上げないとだめだと思いました」

篠原さんはこう述べた。

「まだ、カード確認や笑顔が弱いので、私が勤務する時間帯に覆面調査員が来たら満足度を上げることができないので、意識して取り組みます」

最後に、柴咲さんが言った。

「夕方は女性のアルバイトが多いので、品出しが残ると深夜勤務者に悪いのでは？と、どこか後ろめたい気持ちになっていた。どうしても品出しが残る場合もあるので、優先順位を店長と話し合って決めたいと思いました」

青木店長は感服して言った。

「正直、驚きました。いままで取り組めなかった評価チェックをすると、こんなに店舗ミーティングの内容が深みを増すんですね。各時間帯の課題点や取り組むべき優先順位も見えてきたので、このまま継続してください」

この頃から、青木店長はお店でお客さんや本部社員に、次のように言われることが増えてきた。

「青木店長のお店って、誰が店長でアルバイトかわからないよね。うらやましいよ。みんなで一生懸命にお店をつくっている姿がすごいよね」

そしてついに、これまで3つの徹底評価が平均点だったお店がエリア内でベスト3に入る快挙を成し遂げたのである。いままでは、トップ10にも入ったことがないお店だった。全員で取り組んで考え、習慣を変えた結果である。

前を向く姿勢の青木店長の次なる目標は、エリア内年間最高調査得点を獲得し、悲願の優秀店になることに変わっていた。

なぜ、コンビニは地域一番店を目指すべきなのか？　それは、日本一の販売を記録したとしても、他業態のように全国から噂を聞きつけて来店するお客さまは決して存在しないからだ。コンビニは地域のエリアに住んでいる顧客のリピートで成り立っているのだ。

コンビニが地域一番店になるためには、働くスタッフが感動体験をすることで、感動商売、感動経営へと向かうことがポイントになるだろう。収益目的の計画には感情を込める必要はないが、経営理念やビジョンには感動や想いを込める必要がある。いま、青木店長はそれを実感していたのだ。

商売のよい習慣は、朝礼から生まれる

青木店長は、自分の成長とパート・アルバイトたちの成長が店の売上や顧客満足につながっていることを実感していた。

だが、それと同じように「壁」にもぶつかっていた。

どうすれば短い時間で、適格に施策を説明し、パート・アルバイトのモチベーショ

ンを下げずにエリア最大販売という目標に取り組めるかを考えていた。
そうして、いつもの巻物を手にして読みはじめていた。
巻物にはこう書かれていた。

失敗する経営者・店長と成功する経営者・店長の違いはシンプルである。それはよい習慣だ。よい習慣は、店のすべての成功を生む。悪い習慣は、店の失敗を誘導する。店長の条件として、成果に集中するより前によい習慣づくりを優先し、行動することで、風土（組織）が変わる。毎日、諦めずに挑戦・行動するべきである。失敗は必ず起きてしまう。しかし、挑戦した失敗は成功へのヒントである。

青木店長は、気がついた。
「そうか、新しいことを発想することと新しいやり方を見つけてくることとは、同じではないんだ。コンビニでは、商品は毎週新しく変わる。しかし、現場での『人』に関連する作業はそれほど変わらず普遍的なものだ。そう考えると、いま、あるものを徹底して最大化するほうが最短の強化になるんじゃないか？　コンビニの業務で、スタッフを鍛えあげる場は毎日の朝礼だ。これを最大化するように自分が仕組みを変えていけばよい習慣が自然とできるはずだ」

こうして、青木店長は朝礼をさらに磨きあげることを決意した。

翌日の朝礼時に、青木店長は言った。

「みんな、最近このお店はエリアでも注目されるようになってきた。本当にありがとう。オーナーも喜んでくれているよ。さらなる成長のために、今後、この朝礼の時間をもっと活用していきたいと思うので協力してほしい」

有村さん、柴咲さん、篠原さんのアルバイトたちが、「はい！」と返事をした。いまでは、３人とも青木店長を心から信頼しているようだ。

青木店長は、「今後の朝礼では、以下の３つを行動習慣とする」として、３つの項目を上げた。

①ビジョン・理念を一緒に唱和する。

②本日の業務の仮説を考える。
③前日の業務の検証を書く。

青木店長はさらに、「次に、考え方の基本も3つだ」と以下の3つを述べた。

①同じはどこか？（共通点）
②なぜ、違うのか？（比較基準）
③どこを真似るのか？（モデリング）

「この行動習慣×考え方を、時間帯ごとの小チームで実行してもらう。店内のことだけでなく、競合店の情報や近隣の情報を含む先行情報、商品のトレンドや顧客として買い物をして気になったお店の情報、テレビでの情報なども教えてほしい」

篠原さんが、青木店長に質問をした。

「これをするとどうなるの？」

青木店長が、うれしそうに答えた。

「篠原、どんなに努力をしても変えられないものは時間なんだ。時間を365日、24時間より増やすことは、どんなに優秀な店でもできない。変えられるのは、行動だ。人間関係のコミュニケーションの質を上げるように行動を変えるんだ。店長ひとりの情報では、みんなでお店をつくることにはならない。みんなの視点でお店をつくることでより普段見えていない視点が生まれて売上が上がると思う」

有村さんが話しはじめた。

「なんとなく理解できるけど、もう少しわかりやすくいうと店長、どんな店にしたいんですか？」

青木店長は、少し考えてから話しはじめた。

「たとえば、あるお店の店長の気持ちが、『人がいない。休めない。社長がなにも教えてくれない。スタッフがすぐ辞める』だったとする。その一方で、働くアルバイトたちの気持ちも、『店長の言葉がわからない。やたらとシフトに入れと言われる。作業ばかりでしんどい。店長はなにも教えてくれない』だったとする。両者がこういうふうに思っているお店って、どうなると思う？」

有村さんが言う。

「う〜ん、なんか楽しそうじゃない。辞めてしまうかも」

青木店長が続ける。

「そうだよね。成功・成長するお店って、全員が『商売は楽しい。スタッフが好き。お店が大好き。接客が楽しい』って思っている状態の店だよね。そのために、朝礼で、いま言った3つの行動習慣を続けてほしいんだ」

以上の話を全時間帯のスタッフに、何回も言い続けた青木店長は、あることに気づいていた。

自らがプラス発想の言葉を本気で、何回も話すことで、自分の状態もつねに前向きな状態にリフレッシュされているのだ。毎日、なにかしらの失敗はお店で起きてしまう。しかし、挑戦した結果の失敗は次につながる商売の資源である。

いままではいくら積極的な青木店長でも気分が乗らない日もあった。しかし最近は、日に日に、店にいるとやる気スイッチが入るようになっていることに気づいたのだ。

この習慣は、アルバイトにも浸透しているという確信もあった。

イノベーションと
起業家精神

青木店長は、もうコンビニ経営のおもしろさとやりがいに魅了されていた。最初の戸惑いが、いまでは嘘のようにさえ感じていた。毎日、3回の朝礼を自ら徹底して実践することで、商売の信念はさらに固まっていた。そして、次のステージへ店と自分を高めるものがあの巻物に残っていないかと、自問自答しながら読みはじめていた。

巻物の最後の章は、このような書き出しからはじまっていた。

商売では、時代の流れの外部要因を1店1店で変えることは、決して容易ではない。もし、あるとするならば内部要因の果たす役割が大きい。その店で働く者たちが

自己成長意欲を持った集団に成長しているのであれば、イノベーション発想を伝えるべきである。また、脱コンビニ発想を手にするときには、店主は家業発想ではなく、起業家精神を持つ商売人にならなければならない。そうでなければ、決して成功を手にすることはできない。この2つが実現できれば、多店舗展開を進める扉は、自然と開かれるだろう。

青木店長は、燃え上がる情熱を抑えきれないぐらいの気持ちで調べていた。

イノベーションとは

イノベーションという言葉は、オーストリアの経済学者シュンペーター（Schumpeter）によって、初めて定義された。その著書「経済発展の理論」のなかで、経済発展は、人口増加や気候変動などの外的な要因よりも、イノベーションのような内的な要因が主要な役割を果たすと述べられている。また、イノベーションとは新しいものを生産する、あるいは既存のものを新しい方法で生産することであり、生産とはものや力を結合することと述べており、イノベーションの例として、①創造的活動による新製品開発、②新生産方法の導入、③新マーケットの開拓、④新たな資源（の供給源）の獲得、⑤組織の改革などを挙げている。また、いわゆる起業家（アントレプレナー）が、既存の価値を破壊して新しい価値を創造していくこと（創造的破壊）が経済成長の源泉であると述べている。

【出典：文部科学省ＨＰ】

起業家精神とは

アントレプレナーシップともいう。新しい事業や企業を創造するために要求される態度や発想・能力を総称したもの。独立心・達成動機・野心・常識にとらわれない自由な発想などが起業家精神の中核をなすものと考えられている。

青木店長は自分なりの経営思考で深く考えてみた。

「ローソンも選ばれるお店としてイノベーションを追求している。いまや商品開発に対してもイノベーション改革を導入している。そして、いままでの単店商売の家業発想からの脱却をコンセプトに、多店舗化を目指す起業家精神を持った加盟店オーナーを育成するマネジメント・オーナー制度も誕生している。これからのコンビニエンス業態の未来は、この多店舗化がキーワードになってくるとオレも思う。誰でもすぐになれるわけではないが、本部に選ばれるお店に成長するためには、いままでのお店での経験を複数店からスタートして、基準の条件をクリアして多店舗化オーナーを目指したい。ローソンのフランチャイズ・システムのメリットは、他業種に比べ高いレベルにある。これをもっとよく理解して、このエリアを守る経営者になってみたいと思う。父親に相談してみよう」

いままでの現場経験から青木店長には多店舗化を目指してみたいという断固たる決意ができていた。

青木店長は、ある確信を得ていた。

「ある一定の努力をすることは、決して裏切らない。そして、スタッフを戦力化する・育成することに興味を持ち、逃げずに追求することでしか、人を変えられないし、勝利を手にすることはできない」

巻物の最後には、未来行動基準としてこう書かれていた。

この巻物を手にしたあなたは、もうコンビニ経営を信念の商売として誰にも負けないぐらい語ることができ、その経営努力を努力とも思わず、邁進する習慣を手に入れているはずだ。これからは、個店の商売・経営と、多店舗化の商売・経営は違うことを認識してほしい。次の【多店舗化までの極意】の図をよく理解して、多店舗化の道を究めてほしい。それが、フランチャイズ・ビジネスであるコンビニの未来の扉を開くことになる。あなたには、その素質と努力する習慣が身についたはずである。そして、この図から湧き出たアイデア、イメージから深く考え自らの商売を追求してほしい。

【多店舗化までの極意】の図は、以下の3つで構成されていた。

店のアルバイト戦力化ステップ

今までCアルバイトさんと一緒にシフトに入っていた、Aアルバイトさんを教育担当にする。Bアルバイトさん・Cアルバイトさんにも明確な目標を与えることにより戦力化する。

■個人能力に適応した目標設定

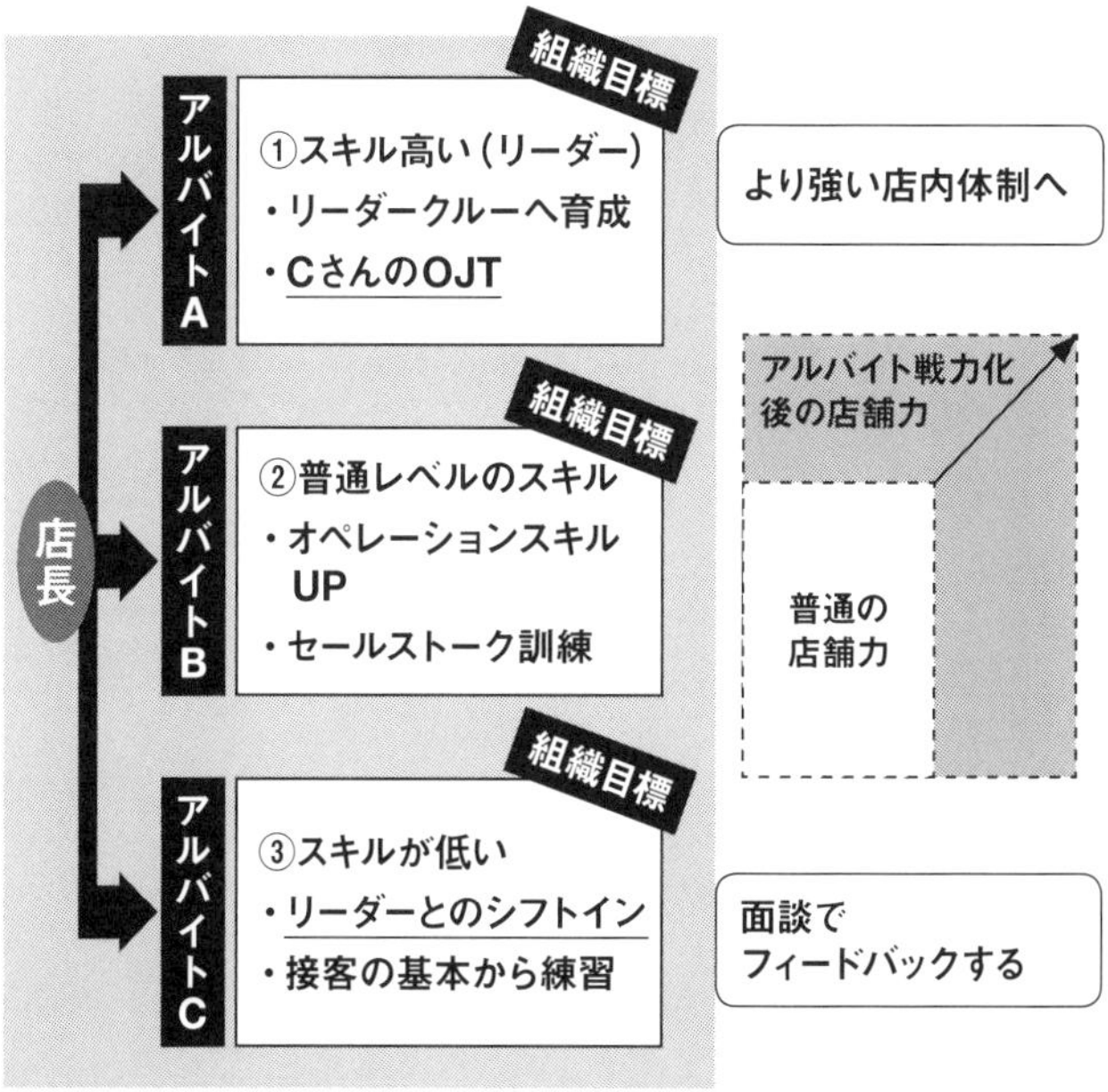

個店力を成功に導く秘訣
まず、個店の戦力をあげるためにはクルー（アルバイト）にフォーカスして目標設定しなければいけない。面談の前にスタッフアンケートを取るのが効果的

複数店舗組織の店長戦力化ステップ

今まで店長Cさんが孤立していたのを、店長Aさんを教育担当にする。店長Bさん・店長Cさんにも明確な個別成長目標を与えることにより戦力化する。

■個店の特性に適応した目標設定

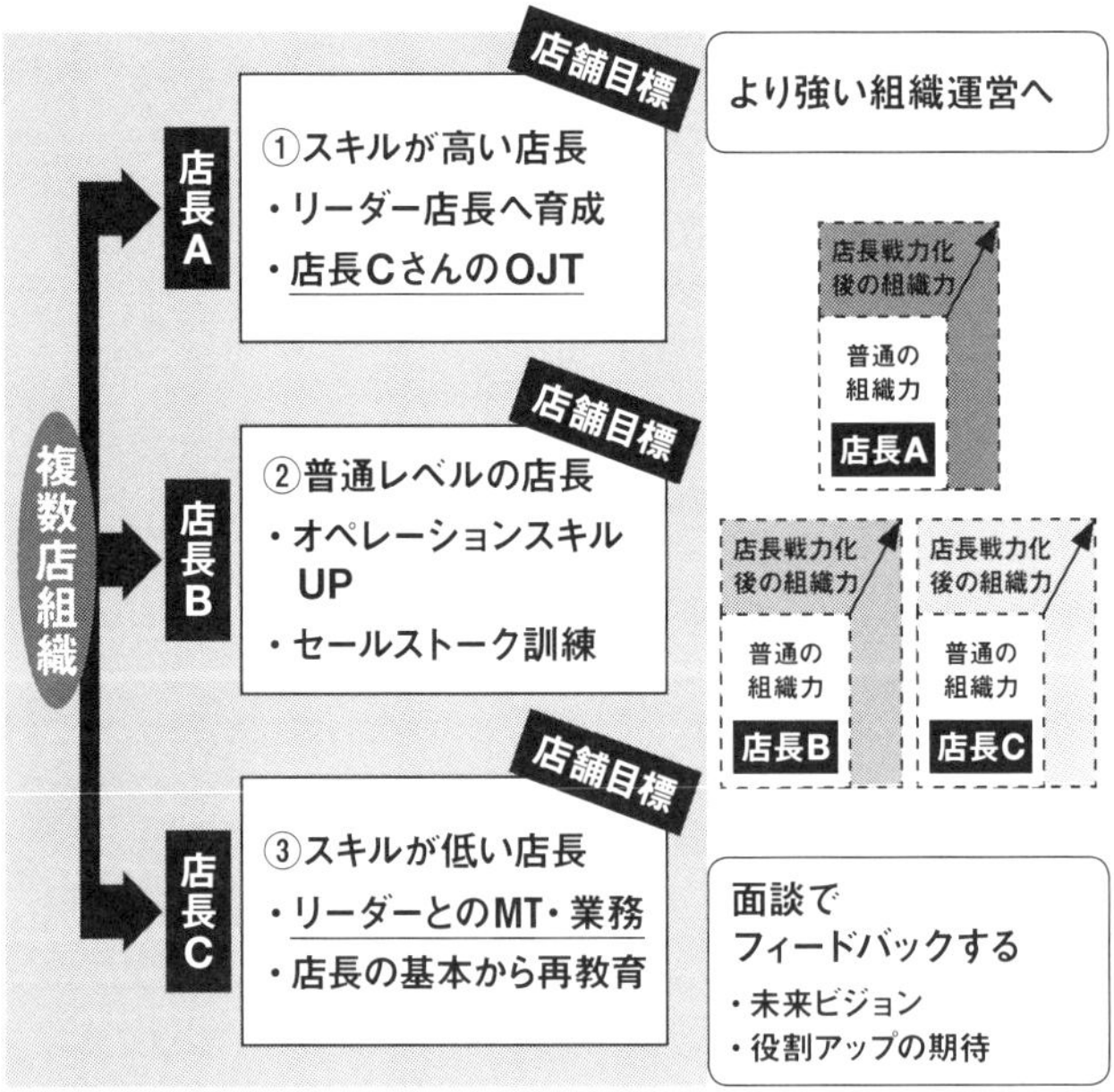

複数店化を成功に導く秘訣（3店舗まで）
次に、複数店の戦力をあげるためには店長（または、社員）にフォーカスして目標設定しなければいけない。アルバイトの人数が増えていくため、店長が店の育成・管理をしなければならない領域。面談では、スキル評価表を基に話すと効果的

多店舗組織の管理職戦力化ステップ

今まで第三エリアが苦戦していたのを、第一エリアの成功事例で旗艦店にする。第一エリア・第二エリアにも明確なエリア目標を与えることにより戦力化する。

■エリアの特性に適応した目標設定

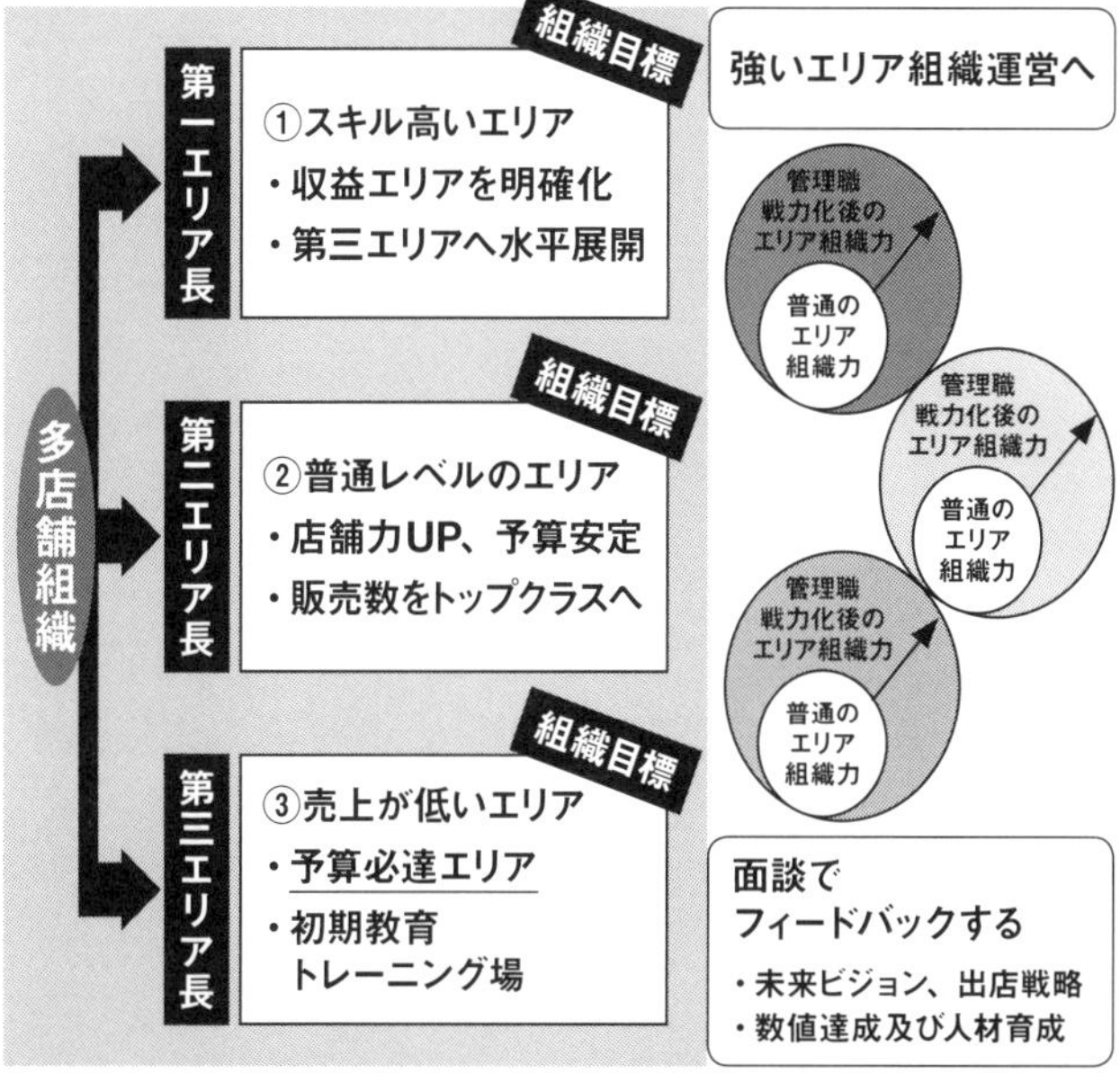

多店舗経営を成功に導く秘訣

最後に、多店舗組織の戦力をあげるためにはエリア責任者（管理職及びストアコンサルタント）にフォーカスして目標設定しなければいけない。店の数が増えると店長を育成・管理しなければならない領域。面談時はキャリアビジョンやエリア戦略を作成させると効果的そして、巻物の最後には、このように書かれていた。

この巻物を手にしているものたちが若い次世代の人ならば、同じ想いのメンバーを集め、多店舗化を進めてほしい。小さなお店のローソンという青き看板の誇りを胸に、その地域・エリアを進化・成長させる学びの場をつくり上げて、勉強会で引き継いでほしい。私が発展させたハングリー精神と商売魂をあなたに宿らせ、その大地で進化・成長させてほしい。

巻物を読み終えたときに、青木店長はこの巡りあわせの感動と衝撃で身体が震えていた。

青木健太郎が店長になって、まもなく1年が過ぎる頃であった。

父親の体調は順調に回復していた。青木店長は、見舞いの際に、父親に複数店化を目指したい決意宣言をした。そして、父親からこの店を事業継承したい気持ちがあることもしっかりと伝えていた。

「健太郎、ありがとう。俺の代でこの地域のローソンは終わりなんだなと病院のベッドで思っていた。お前が引き継いでくれることが、俺にとっての最高のプレゼントだよ。本当に、ありがとう。青い看板の誇りをもって、商売してきたことが間違いじゃなかったと思えるよ。でも、お前の夢である柔道を奪ってすまないな」

「オレのいまの最大目標は、青い看板の誇りを胸に日本No.1のローソン経営者になることだよ。そして、夢はこの日本式フランチャイズ・ビジネスを日本から世界に発信していくことなんだ」

優しく、寡黙な父親が初めて息子の前で泣いた日であった。

お店の裏では、そんなドラマがあったとしても毎日来るお客さまのために、とあるローソンでは365日、24時間で物語が続いている。

第2部

1章

ローソンが売上を伸ばし続ける理由

1　高級化路線で復活したローソン

ローソンの第1号店がオープンしてから、2015年で40年を迎えました。この間、ローソンの店舗数と全店の売上高は、ともにほぼ一貫して増加を続け、セブン-イレブンに続く業界2位の規模を保ってきました。現在は全国に約1万2000店のローソンが営業しており、総売上高は2兆円になろうとしています。

ローソンは、ダイエーの創業者だった中内功氏（故人）が、アメリカ本社と提携して日本に導入したコンビニチェーンです。大阪府豊中市に誕生した1号店（桜塚店）は、アメリカンティストのパーティーフーズをそろえたお店で、現在のローソンとは随分雰囲気の異なるものでした。

その後、ローソンは順調に店舗数を伸ばしてきました。しかし、1990年代に業績が悪化したダイエーは、2001年、子会社だったローソンを三菱商事に売却しています。この頃は、ローソンも成長が鈍化していました。

三菱商事が買収した直後のローソンには、まだ第一創業期のダイエー流が残っていました。ここでいうダイエー流とは、「米国式をそのままやってみよう」というものです。

店内では、スーパーファミコン・ゲームボーイのソフト書き換えサービスをしていました。ゲーム・ファンには懐かしい話でしょう。また、例えば、当時の新型ローソンをアピールするために女優の仲間由紀恵さんをＣＭ起用したことはあまり知られていません。

しかし、ダイエー王国で育った当時のローソン社員の施策はその多くが結果的にうまくいきませんでした。

新波体制で始まった「選択と集中」

ここで改革に乗り出したのが、２００２年に社長に就任した三菱商事出身の新浪剛史氏（現サントリーホールディングス社長）です。

「第二創業期」の新波体制で始まったのは、いろいろなことをやっていたなかで強みのあるものだけを残す、という商品戦略でした。つまり、**「選択と集中」**です。

コンビニの売上を伸ばす原動力となるのは、食品です。ローソンでは、2016年に30周年を迎えるロングセラー商品の「からあげクン」など揚げ物は強かったので、これは強化し、ある程度の成功を納めました。しかし、重要な商品であるおにぎりでは、セブン‐イレブンが強く、ローソンは苦戦していました。そこで、「全体最適では勝てないので部分で勝てるものを」として始めたのが、新潟産コシヒカリを使ったおにぎりでした。

新潟産コシヒカリのおにぎりは、具材もよくするなど高級感を打ち出しました。当時のセブン‐イレブンのおにぎりの平均単価が120円なのに対し、150～180円くらいのプライスゾーンとしました。低価格帯のおにぎりではセブン‐イレブンに勝てなくても、高付加価値のおにぎりなら勝負できると考えたのです。

これらのおにぎりは、パッケージもフィルム型でなく、和紙のような感触のものに変更し、特別感を演出しました。新潟産コシヒカリのおにぎりはローソンでも指折りの人気商品となり、各店の売上アップに大きく貢献しています。

その次に注目を集めた商品が、デザートのロールケーキです。価格が150円程度にもかかわらず、専門店のお菓子並のおいしさが評判を呼び、ピンポイントではセブン-イレブンに勝てるようになってきました。

この人気を受けて、セブン-イレブンもデザートコーナーで同じようなケーキを売り出しました。現在も、さまざまなスイーツがコンビニを賑わせ、「コンビニスイーツ商戦」などと呼ばれています。

おもてなしの心でお客さまを迎えるMACHI cafe

100円程度で買えるコンビニコーヒーも、いまはコンビニの定番商品になっています。コーヒーは単価が値ごろでも、「ついで買い」を誘発するので、貴重な存在です。

100円コーヒーで最初に注目されたコンビニは、セブン-イレブンだったかもしれません。しかし、**コンビニで嗜好性の高いコーヒーを最初に売り出したのはローソンでした。**

とりあえずコーヒーを手軽に飲みたいという人はセブン-イレブンに、嗜好性のあるコーヒーが好きな人はローソンに行くという差別化ができているようです。

ローソンのMACHI cafeは、コーヒーそのもののおいしさを追求するとともに、おもてなしの心でお客さまを迎える接客を実現するというものです。

おいしさについては、イタリア製のコーヒーマシンをローソン専用にカスタマイズして、最大16個のメニュー設定を用意。カフェラテや抹茶ラテなどのバラエティに富んだメニューは女性客中心に人気です。焙煎方法にも個性を引き出す工夫があり、それぞれの豆に最適な5通りの方法で焙煎を行ったあとにブレンドする「アフターミックス製法」を採用しています。

接客では、「ファンタジスタ制度」を導入し、心のこもった接客とコーヒーの知識を伝えられるスタッフを育成しています。

ファンタジスタは、年2回の認定試験に合格したスタッフのみに与えられる称号で、2015年2月末現在で約6000名が存在しています。このなかで、特にレベルの高い人はグランドファンタジスタに選出。現在、50名が選ばれています。


また、現在のローソンの商品開発に大きく貢献しているのが、ポイントカード「Ponta カード」です。

もともとローソンにはポイントが商品に変えられるサービスがありましたが、現在、ローソンで使われているポイントサービス「Ponta」は、1円1ポイントで換金できるもの。会員数は7000万人に及んでいます。**Ponta 会員の購買履歴から得られるリピート率等のデータを活用することで、より強い商品開発ができるようになりました。**

おにぎりやパスタ、スイーツなどの高級感を打ち出した商品を安く提供できるのは、材料を一括買いすることで原価を落として買えるようになったからですが、これも売上データを活用することで、実現できることなのです。

2 ナチュラルローソンの魅力とは

ローソンの店舗には、いくつかの種類がありますが、**いま注目されているのがナチュラルローソンです。**現在、ナチュラルローソンは関東中心に、約110店を展開。ローソンは、2018年度までにナチュラルローソンの店舗を現在の約3倍となる300店に増やす目標を発表しています。

ナチュラルローソンは通常のローソンと違い、価格は高めながら高品質の健康商品を揃え、好調を維持しています。客層は働く女性などが中心。出店立地が特異立地を選ぶため、店舗網の急拡大は困難と判断し、今後も関東の都市部を中心に店舗を増やしていくようです。

ナチュラルローソンは、社内ベンチャーで2000年5月に設立されました。コンセプトが確立され、エッジの効いたお店ということで、話題性が十分あることは事実でした。「美しく健康で快適な」ライフスタイルをお客さまに提供するために、以下の5つのコンセプトを打ち出していました。

①ヘルシーで低カロリーのお惣菜&弁当の品揃え
②安心できる品質のラインナップ
③環境に配慮した癒しのライフスタイルグッズ
④肌に優しく安心安全な化粧品&スキンケアの品揃え
⑤ナチュラルな店作り（ロハスキッチン）

私が2006年にローソンに入社した頃のナチュラルローソンの店舗実績は、平均日販約55万円・値入率約35％・店舗数約100店というもの。フランチャイズ化も5店舗と進み、女性客層は45％まで伸び、順調に客層を拡大していました。このようなローソンの戦略をみて、私は中長期成長に必要な先行投資を行っている印象を受けました。

当時の私はセブン－イレブンを退職した後で、もうコンビニに勤めることはあまり考えていませんでした。だから、非常に悩みましたが、既存のローソンより先端の独自戦略を学べると考え、ナチュラルローソンで働くことを選びました。脱コンビニ、コンビニの既成概念の殻を破るナチュラルローソンが、輝くダイヤの原石に見えたのです。

健康志向の新しい価値を生み出す

ナチュラルローソンは、扱う商品が安全であることをなにより大切に守らなければならないと考えています。たとえば、商品の添加物などの基準を見直して、合成保存料および合成着色料ゼロを目指しています。また、徹底した情報の開示と、トレーサビリティを実現しようとしています。

コンビニとしての手軽さや便利さ、快適さをそのまま大切にしながら、健康志向の新しい価値を生み出す。それは、これまでのコンビニではできなかった「食を中心としたナチュラルなライフスタイルそのもの」を提案することです。

このようなコンセプトを持つナチュラルローソンが、多くの女優やモデルに愛されているのも理解できます。女性の気持ちを惹きつけると同時に、現場で働くスタッフも働く優位性を持つようになります。顧客のみならず、スタッフたちがナチュラルローソンに愛情を持ち始めるのです。

私自身、ナチュラルローソンにいたときに従来の既存コンビニの思考に頼ってしまった場合は、このナチュラルローソンのコンセプトを思い出し、「ナチュラルローソンらしさ」を売場や接客に取り入れているかを確認しました。立ち戻ることができる「志」のようなものがあると、人は強く邁進できるものです。

ナチュラルローソンでも商品開発には、ポイントサービスのデータが活用されています。健康商品の開発にあたっては、「野菜を食べよう」「おいしい低糖質」など10のテーマを決めて取り組んでおり、毎日食べたいサラダや野菜、メーカーと共同開発した低糖質の「ブランパン」は隠れた人気商品です。また、グリーンスムージーやチアシードを使ったジュースなども人気を博しました。

これらの商品は、ローソン本体でも売られるようになり、ナチュラルローソンを知らなかった顧客の注目も集めています。こうした健康関連商品の売上は、2014年度に1200億円を超えて、毎年拡大しています。

3　未来のためにローソンが進めている戦略

ナチュラルローソンの成功で健康志向になっているローソンは、現在、〝マチの健康ステーション〟を目指して、2つの大きな取り組みをしています。それは、「おいしいミールソリューション」と「セルフメディケーション」です。

「おいしいミールソリューション」とは、あらゆる世代が毎日の食を通して健康な体づくりや、「おいしい」ことを我慢せずに、安全・安心な「食」を通じて心も体も元気になってもらいたいというもの。これは、主にナチュラルローソンを通じて進めています。

「セルフメディケーション」は、医薬品の販売や介護事業者がフランチャイズ加盟店オーナーとなる店舗の出店や、スポーツイベントの開催など、人々が自ら健康を維持・管理できる事業展開のことです。医薬品の販売では、かかりつけ薬局の実現を目指し、2003年から調剤薬局併設型店舗の開発に取り組んでいます。全国各地の調剤薬局・ドラッグストアチェーンとの提携を進めており、OTC医薬品（市販薬）を取り扱う店舗の総数は100店に達しています。

2015年4月には、ケア（介護）拠点併設型のローソンを埼玉県川口市にオープン。今後も、地域の介護サービス事業者と連携し、介護に関する不安の解消など、高齢者とその家族の方々の生活や健康をサポートする店舗モデルの構築を進めています。

長寿大国である日本では、健康マーケットに対する市場ニーズが年々高まっていま

す。ローソンはそこにいち早く気づき、さまざまな取り組みを進めているのです。簡単なことではありませんが、一点突破主義の独自企業ローソンは、このようなところにも「らしさの追求」が存在しています。

フードサービスの強化を目指す

２０１５年、フードサービス業界に新しい争奪戦が巻き起こりました。それは、「ドーナツ」です。国内ドーナツ市場規模は、富士経済の調査では１１７３億円（２０１３年）に上ります。

この市場で圧倒的なシェア90％を占めるのが、ミスタードーナツ。売上高１０３０億円、店舗数約１３００店で、永きにわたり日本のドーナツ市場の王者を維持してきました。そんななかで、２０１４年11月にセブン‐イレブンがコーヒーとの相性を考えて、ドーナツをレジカウンター横で販売することを発表。新しい顧客ニーズ獲得を目指しました。

一方で、2006年12月、東京・新宿で1号店をオープンしたのが、アメリカから上陸したクリスピー・クリーム・ドーナツです。

両者の登場は、「ドーナツを目的に価値ある価格の商品を買いに行くお店」と「ほかに目的があるのに気づけば値ごろ感で買いたくなるドーナツがあるお店」の「非日常」と「日常」の闘いのはじまりであると私は思いました。

クリスピー・クリーム・ドーナツとセブン-イレブンの顧客の利用動機がまったく異なるなかで、私にはローソンは悩んでいるように思えました。ドーナツを売るとすれば、加盟店に対するオペレーションコストがかかります。どのような什器が最適でどのようなドーナツを扱うべきかどうか？　など、非常に考えたのではないかと思います。

2015年4月に、ついにローソンは動きました。セブン-イレブンと同じように、レジ横でドーナツを本格販売することを発表したのです。

セブン－イレブンと差別化するために、ローソンではMACHI cafeのなかで女性支持が高い「カフェラテ」を強化し、ドーナツとともに「コンビニカフェ」を気軽に楽しんでもらえるようにしました。その結果、「カフェラテ」が2015年5月度には約2000万杯の売上になり、従来の月間販売数約800万杯から250％伸長したのです。

コンビニは、「目的買い」商品ばかりでなく、「ついで買い」をしてしまう商品が絶対に必要です。商売の本質が客数ビジネスである以上、ひとりでも多い来店を目指して一品でも多くの商品を買っていただくことで、売上を伸ばすことができるのです。

おにぎりから始まり、冷やし麺、おでん、恵方巻といったお客さまを集める集客商品が時代の変化には必要なのです。富士経済の発表によると2015年のコンビニコーヒー市場は、1930億円に上ると予想されています。

コンビニコーヒー、コンビニドーナツと、カフェ感覚が頭角を現しています。このまま外食市場でスペインのバルで食事するようなバルブームが拡大し続ければ、コンビニ市場は「家飲み」需要の戦略をたてるでしょう。生ビールやワインが品揃えとして、コンビニのカウンターに並ぶ日も近いかも知れません。

4 ローソンのフランチャイズビジネスの現在

ローソンでは、店舗改革や商品開発だけでなく、加盟店を支援するための新しい施策も次々と打ち出しています。

ローソンのフランチャイズシステムの特徴は、「マチを幸せにする」という企業理念を共有する対等なパートナーとして、フランチャイズ加盟店オーナーと本部の関係を位置づける「共同事業システム」です。

この特徴を強化しながら、**フランチャイズ加盟店とクルーの成長を実現し、地域に貢献していくためのフランチャイズ改革に取り組んでいる**のです。

たとえば、ローソンの企業理念を共有し、フランチャイズ加盟店との関係を強化するための取り組みとして、全社方針や方向性を共有する「ローソンセミナー」、意見交換を行う「オーナーズミーティング」などを開催しています。これらには、ローソンのトップをはじめ経営陣が出席。互いに顔が見える機会を多くつくることで、店舗に関わる問題を率直に語り合うことが、良好な関係づくりに役立っています。

さらに、フランチャイズ加盟店オーナーの多店舗経営による事業拡大を支援する取り組みとして、「マネジメントオーナー（ＭＯ）制度」を２０１０年にスタート。この制度では、多店舗経営のノウハウや必要な経営知識、スキルなどを習得できる研修を行い、優秀な多店舗経営オーナー（ＭＯ）を育成しています。

ローソンは、本部がフランチャイズ加盟店オーナーとともに成長し、発展するための新しいフランチャイズ契約である「前倒し導入」も進めています。電気代や廃棄ロス代の一部を本部が負担し、これまで以上に本部とフランチャイズ加盟店がともに投資を行い、さらなる加盟店収益の拡大を目指しています。

この新フランチャイズ契約は、すでに２０１２年に導入を始めていましたが、新規オープンや更新時のみの適用でした。しかし、全店導入に向けて改革を加速させるた

め の「加盟店支援強化」の一環として、2015年4月からの期間限定で「契約更新前の既存店舗」についても新フランチャイズ契約に変更できるようにしました。

人手不足解消のために人材紹介も手がける

加盟店支援については、ローソンは、2014年3月、**店舗における人手不足解消の一環として、株式会社フュージョンズと共同で人材紹介会社であるローソンスタッフ株式会社を設立**しています。

日本では少子高齢化を背景に労働力人口が縮小していく一方で、働きたくても事情があって働けない方々も増加しています。言葉や文化の壁に悩む外国人留学生や、レジなど複雑な業務に不安を感じる高齢者、特定の短い時間帯でしか勤務できない主婦といった方々です。ローソンスタッフでは、外国人留学生などを対象とした文化体験イベントを企画したり、面接や採用の前にローソン店舗での事前研修を実施したりするなど、そうした不安を解消するための取り組みを積極的に行っています。

２０１４年12月にはコールセンターも立ち上げました。人材紹介免許を持つローソンスタッフでは、アルバイト希望者に応募した店舗を単純に紹介するだけではなく、双方の条件が合わなかった場合には、近隣店舗を紹介するなどのフォローアップも行っています。採用に至ったあとでも、業務に自信が持てないなど不安がある場合は、もう一度研修を受けることもできます。

長期的な視野に立った人材確保の観点から、外国人留学生を積極的に受け入れているのもローソンの特徴。外国人には、「日本の〝おもてなし〟を学びたい」「母国に戻って経営者になりたい」など、目的意識の高い方も多く、すでにベトナムや台湾、中国などの留学生３５０名以上が、ローソンスタッフに登録されています（２０１５年６月末現在）。

5 ローソンとセブン-イレブンの違いとは

コンビニの経営を考えている人に私がよく聞かれる質問が、
「ローソンとセブン-イレブンは、どちらを選んだらよいですか？」
「ローソンとセブン-イレブンは、どこが違いますか？」
というものです。

しかし、この質問はプロ野球の巨人と阪神のどちらが好きで来年優勝するのはどこですか？　と聞いているようなものです。ファン層も違いますし、応援の仕方も違う。同じなのは野球をすることだけです。

コンビニでも同じことが言えます。商売をすることは同じなのです。私は「どちらにも優位性があります。ですが選ぶのは本人次第、決めるのはあなたです」と答えるようにしています。

両者の違いを述べるとしたら、以下のようになるでしょう。

セブン‐イレブンの場合は、加盟店オーナーに対して、本部施策を徹底してもらうように取り組む傾向が強いです。それに対し、ローソンの場合は本部とオーナーは対等であるという意識が強いという印象を持っています。それぞれの性質上の特徴が出ているともいえます。

お金の話をすれば、加盟金は標準的なモデルでは同じですが、ローソンのほうがチャージにメリットを感じます。また、セブン‐イレブンはオーナーに厳しいというイメージをお持ちの方もありますが、ローソンはもう少し自由度があります。セブン‐イレブンでは個人オーナーが多店舗経営することは基本的にいままで許されていませんでしたが、ローソンは二店舗くらいまでは経営していいことになっています。

フランチャイズビジネスでは、加盟店オーナーが強くなりすぎると、抑止力がなくなるデメリットもありますが、人間臭いと思えるのはローソンです。セブン‐イレブンは、一定基準以上の経営努力を満たさないと、契約更新の面談は指導が入ります。しかし、ローソンは一定の経営努力を満たさないからといってそこまではしません。

先ほど述べたように、本部と加盟店オーナーは対等という意識が大切にされているからです。
このほか、ローソンよりセブン-イレブンの経営者のほうが店にいる時間が長い傾向があります。セブン-イレブンは、本部の意向でオーナー自ら店で商売をするように言われているからです。ローソンはそれほど強く言いません。だから、「加盟店オーナーとしては、コンビニ経営だけでなく家族との生活を大切にしたい」と、ローソンを選ぶ人もいます。

ここまでは一般的な話をしましたが、セブン-イレブンとローソンのどちらを選ぶかは、究極の選択になりますが、自分がどのタイプかで考えるべきだと思います。**ブランド力の安心感が欲しい人はセブン-イレブンを選ぶのがいいでしょう。逆に自由度が高く、複数店経営をしたいという人ならローソンをすすめます。**

ローソンの加盟店オーナーは青い看板に誇りを持っている

２０１２年頃からコンビニ業界では、複数の店舗を運営する加盟店オーナーを増やすニーズが高まりました。

当時の数値では、セブン－イレブンの複数店オーナーが経営する店舗数約３６００店・全体比率27％。ローソンの複数店オーナーが経営する店舗数約４５００店・全体比率50％。ファミリーマートの複数店オーナーが経営する店舗数約４３００店・全体比率55％でした。このことが意味するのは、コンビニのビジネスモデルである酒販店など個人商店からの転換が多かった、ということです。

また、近年は本部が店舗を用意するサラリーマンからの転身経営者が多いそうです。彼らの多くが複数店店舗の経営を目指しています。

私は、**ローソンで複数店経営のオーナーが多いのは、その青い看板に誇りを持って**

いる加盟店オーナーが多いからだと感じています。

彼らが誇りを感じている対象は、ローソンの店舗外観であったり、ローソンの牛乳瓶のロゴマークだったり、ローソンの代表商品「からあげクン」だったりと、さまざまです。青いユニフォームが大好き、という人もいました。それだけ、彼らは生活のなかでローソンのことを考える時間が多く、家族全体がローソンのファンなのだと思います。

ただ、それだからこそ、セブン-イレブンと比較してしまうローソンの加盟店オーナーが多いのでしょう。私は、「それはローソンへの愛情の裏返しなんだ」と、ローソンのスーパーバイザーとして現場で接していくプロセスのなかで気づき始めました。

そう思ったのは、担当店の最初の巡回時に、

「なんのために、ローソンを始めましたか？」

「ローソンは、どんなブランドですか？」

「ローソンをどうして続けることができますか？」

という3つの質問に答えられない加盟店オーナーは、成果に関わらず、誰ひとりと

して存在しなかったからです。

そして、全員がなにか嬉しそうな表情で受け答えをしてくれました。担当挨拶時に、どことなく「どんな奴が担当するんだ」という疑心暗鬼の視線を向ける加盟店オーナーでさえもそうでした。深夜勤務ばかりの加盟店オーナーでも、話をするうちに元気を取り戻し、いままでの成功・失敗や苦労話を話し始めたのです。

加盟店オーナーたちのローソンへの深い愛情を垣間見て、

「スーパーバイザーとして精一杯サポートしよう」

「ローソンで働く人たちが真の商売人になれるようにできる限り手助けしよう」

という思いを強くしたことをよく覚えています。

第2部

2章

多店舗経営者が持つ共通のお悩み

個店力強化・加盟店との関係強化のために、ローソンは2013年頃、「MO（マネジメント・オーナー）制度」を打ち出しました。

この制度は、加盟店にMOになってもらうことで、高品質の多店舗経営を目指してもらうものです。MOの役割は、全加盟店の模範となり、ローソンの経営にも参画すること。そのため、MOの認定条件は非常に高いハードルを設定しています。

加盟店ビジネスで事業を拡大するためには、多店舗経営をしなくてはなりません。ローソンに加盟するなら、ぜひMOを目指してほしいと思います。

しかし、多くのオーナー経営者が、3店、4店と店舗を増やしていこうとする上でいろいろな悩みを抱えています。そこで本章では、多店舗経営者にありがちな失敗例や悩みを紹介するとともに、その解決策を提案します。

1 多店舗展開の事業計画なしに運営している

多店舗事業を展開する経営者に必要なのは事業計画であり、目指すべき姿は、自立した組織を構築することです。そのなかで、経営者に求められるものは次の3つです。

①経営戦略
・経営理念、ビジョン
・経営計画

②経営管理
・マネジメントを理解し運用できる
・個店ごとの高いレベルでの数値管理

③組織づくり
・経営計画に基づく組織体制の整備

・自社らしい組織風土の構築
・正しい商売を実践できる人財育成

この3つを基準に、経営者は事業計画を作成します。しかし、コンビニの現場では、毎日の店舗運営が24時間続くので、経営者は同時に売場の維持もしていく必要があります。

そして、現場の店長たちの売場や施策の反応速度が遅いと判断すると、経営者の多くが、自ら現場業務を実践してしまいます。そのため時間的余裕がなくなり、事業計画通りの進捗確認ができなくなる現象が起きます。これは、多店舗展開を始めた当初に起こりうる落とし穴のひとつです。

事業計画は定期的に修正する

そんなことにならないようにするためには、**事業計画を定期的に修正する業務を習慣化する**必要があります。事業計画は、でき上がれば終わりではありません。繰り返し修正することで、より組織に適応した計画へと成長していくのです。事業計画倒れに終わり、ストレスだけが毎日残らないように、修正をして作り上げていくことが大切です。

修正するためには、日々の経験や苦労を記録しておくことも重要です。それがないと、事業計画を見直そうと思っても、なにも見えてきません。

2 経営者の右腕が存在せず、育成環境が確立できていない

新店出店が決まると、店長が忙しくなり、仕事が休めなくなる事態が起こってきます。そこで、経営者自ら店長に代わって現場業務をしているケースがよくあります。

これはある意味で、店長をフォローしていることになります。

実は、この行為こそ、組織の店長が店長のままで終わる原因になっています。なぜなら、店長自身が「店長の壁」を乗り越える経験をしておらず、その先にある経営者の右腕（幹部・管理職）に成長する思考が生まれにくくなるからです。

経営者も育成を放棄して現場業務を実践するほうが、育成のことで考えたり、悩んだり、苦労したりしないので、ある意味気が楽なのです。しかし、このような組織体制では、新規出店が決まるたびに経営者は疲労困憊してしまいます。そして、それを見た店長には「新店業務＝休めない業務」という印象しか残りません、その結果、誰も経営者の右腕になろうとは思わなくなるのです。

多店舗展開を進める以上は、新規出店こそが事業拡大をもたらしてくれます。しかし、そこを理解した社員たちがいなければ、どのような結果が待っているかは想像がつくはずです。

早い段階で自分の右腕になる候補を決める

多店舗展開を始めるなら、経営者は初期の段階で自分の右腕になる候補を決めておくべきです。そして、その候補者とは感覚でのコミュニケーションではなく対話でのコミュニケーションを取り、事業を理解して自分と行動を一緒にしてくれる人物かどうか、よく見極めなければなりません。

そうしなければ、事業が順調に進み、出店ラッシュになったときほど、その右腕候補から辞めていってしまうのです。なぜなら、がんばっているのはその右腕候補だけになってしまい、精神的にも肉体的にもギリギリの状態に陥るからです。

優秀な社員の心境としては、「社長、いろいろな経験ができて知識も学ぶことができました。非常に感謝しています。ですが、自分で商売したほうが楽だと思いました。社長はいつまでも、業務過多でアンバランスな組織運営に邁進してください」といった感じです。

そのような組織状況に陥れば、ますます経営者の現場業務への比重が増えてしまい、やがて、事業スピードが急激に止まり、お店自体の活気もなくなってしまいます。**早い段階で自分の右腕を育成する**ことをおすすめします。

3　経営者が本来の業務をできていない

前の2項目とも関連しますが、3店舗を経営している経営者に多い現象が、店長業務ばかりに専念して、いっこうに経営の業務ができないことです。私は経営者にそのような相談をされた場合、相手にこう質問します。

「あなたの考える社長業は、なんですか？」

そうすると、次のような返答をもらいます。

「店長の育成」

「出店を獲得する成果づくり」

「ボロボロの売場を改善する」

「本部施策の徹底」

　しかし、これらはどれも経営者が本来する業務ではありません。


社長業は、組織内の経営資源の最大化であり、そこに紐づく「人・モノ・カネ」に対して、挑戦・失敗の繰り返しのなかから生まれる継続する力とやり遂げる力を鍛え、養うノウハウづくりです。しかし、現場業務のキャリアが長いと、どうしても現場の小さなことからものを考える癖がついてしまいます。

　3店舗経営の経営者になぜこのようなことが多いかというと、店長たちが育たず、数値が安定しなくても、経営者ひとりのマンパワーで数値管理がなんとかなってしまう規模だからです。

　いずれ店長たちはその「ぬるま湯体制」に安心感を覚え、そこから抜けだそうとしなくなります。そんなお店には、パート・アルバイトを育成するような環境はありません。

ミーティングや店長会議を頻繁に実施する

　このようなことにならないためには、**スタッフ全員が参加するミーティングの実施や、あとで説明する店長会議の運営が大事になります。**

　ミーティングや店長会議は、最初からうまくいくわけではありません。その場その場で、いかにしてスタッフを鍛え、事業プランに沿った組織を作りあげるかが大切です。

4　店長が店舗管理をできていない

　店長より優秀なアルバイトは存在するのに、社長より優秀な店長は存在しにくいものです。もし、いたとしても、彼らは早期に独立開業するでしょう。

　なぜそのようなことが起こりうるのでしょうか？　その一番の理由は、経営者と店長のコミュニケーション不足です。

経営者と店長のコミュニケーションとは、売場のこと、商品のことのみでのコミュニケーションを意味しているのではありません。**店長には、店長のポジションが組織のなかでどこにあるのか、どれくらい期待していて、どこまで成長して戦力になってほしいのかをきちんと伝えなければなりません。**

そのようなコミュニケーションを取らないでいると、長時間現場にいる店長は売場も管理できず、パート・アルバイトの育成も初期教育のみでほったらかしにするという現象が起きてしまいます。

このような現象が起きていると、経営者が店を巡回したとき、アルバイトから店長に対する不満ばかりが上がってくることになります。

経営者はわくわくして売場を確認し、「これくらいの数値を売ってほしい」とか、「この売場がいいね」とほめたいのに、最初に聞く言葉が店長の悪口では、そこで思考は止まってしまいます。そして次に店長に会ったときの第一声が、

「ちゃんと業務できてる？　売場大丈夫？　スタッフたちとコミュニケーション取れてる？」

という否定的な発言になってしまいます。

このような悪循環サイクルのなかで、店長が成長するとは思えません。しかし、これは現場では頻繁に起こる現象なのです。

どれだけ成長しているか店長にセルフチェックさせる

このようなことにならないためには、**経営者と店長が最低でも月に1回、面談する時間を持つ**ことをおすすめします。その際には、**店長がどれだけ成長しているかのセルフチェックをさせる**ことが必要です。そうすることで、店長のどこが強みでどこが弱みなのかを本人も経営者も理解し、今後、成長のためになにが必要なのかを予測することができます。

単純な作業に思えるかもしれませんが、面談を繰り返すことで意志確認の場ができ、成長意欲の有無も知ることができます。そして、店舗環境のせいではなく、店長が成長していないおかげで店の数値が伸びていない根拠の立証にもなるのです。

あなたのお店には、アルバイトと変わらない仕事しかできない店長は存在しませんか？　ぜひ、しっかりと時間をかけた面談をしてみてください。

5 パート・アルバイトの離職率が高く組織体制が安定しない

コンビニにとって、人手不足は深刻な問題です。採用はできても、その人に長く勤めてもらい、戦力化するにはどうしたらいいか、多くの経営者が悩んでいます。大学生アルバイトで2～3年、主婦などのパートで5年以上はお店に在籍していないと、地域一番クラスの店にはならないといわれています。

採用者に長く勤めてもらうには、スタッフが主役の店舗である必要があります。そのようなお店では、パート・アルバイトが早期に退職することは、イレギュラーなケース以外では非常に少ないです。

店長とスタッフのコミュニケーションを強化する

私が考えるスタッフが主役になれる店舗の共通点は次の3つです。

①店舗のビジョン・目標が明確化している
②ビジョン・目標がスタッフ全員に共有されている
③スタッフが自ら考え働ける環境がある

経営者はこのような店舗を実現するために、現場で具体的に実践することを店長に指導する必要があります。それは次の3つです。

①スタッフ・ミーティングでの目標共有
②定期的なスタッフ面談の実施
③スタッフへのコミュニケーション

このようなことが、店舗で始めるマネジメントの第一歩です。輝くようなスタースタッフの大きな100歩より、全員で進める小さな一歩が大切です。それが、後にスタッフ全員による100歩につながります。当然、その方が店舗としての成長は大きくなります。

ここで、店長が間違ってはいけないのは、「目的と目標」の混同です。

目的＝「お店の目指すべき姿」
目標＝「目指す姿に向けての通過点」

この違いを理解して計画や目標を立てます。そして、目指すべきゴールイメージをつくります。

たとえば、《良い店舗イメージ》は、いつ行っても欲しい商品があり、心地よい接客を受けられる、清潔なお店です。《理想の店舗》は、スタッフが店舗を自分のお店だと認識し始めて、商売を通じて自ら考え行動している組織です。

このようなことを店長が理解して実践し、挑戦、行動できていなければ、自然にパート・アルバイトたちは退職していきます。そのため、戦力となりうるスタッフを育成できず、店舗全体がいつまでも安定しません。**素質に関係なく勤続年数が5年、10年のスタッフがいることこそが、組織評価につながっていく**のです。

6 根拠のない数字報告の「名ばかり店長」会議になってしまう

3の項目で触れた店長会議とは、多店舗経営をする場合に行う各店の店長同士の会議のことです。ちなみに、個人経営の場合ではこのような会議をする必要はありません。なぜなら、家族経営が多いからです。

店長会議は、週に1回、通常は経営者が主導して進めます。しかし、多くの店長会議が、会議の議事録を取ることすらしない状況で行われ、根拠のない数字報告だけで終始してしまいます。そして、経営者が店長を叱咤激励ならぬ叱咤叱責する場になることが多く、その結果、店長が店を辞めていきます。

組織の規模が大きくなってくると、店長たちは、自分の管理領域以外に興味がなくなっていきます。しかし、**組織全体の目標を実現するためには、情報交換をするなど、横のコミュニケーションがどうしても必要です。**その目的で店長会議を開催するのです。

しかし、会議で「名ばかり店長」陣から出てくる発言トップ3は、以下のようなものです。

「聞いてません」

「できていません」

「時間がありません」

彼らはこの言葉だけでなんとか店長会議をやり過ごし、一週間の業務を終了しようと考えています。なぜなら、現場に戻れば管理外の自由な時間が待っているからです。

このような店長が多い場合、経営者のみが会議の資料を準備したり、経営理念を大事にしています。一方、店長たちは、経営理念はもとより、ビジョンや目指すべき方針さえ知らないことが多いものです。

販売だけできていれば大丈夫と考える店長もいます。このような店長がいる店舗では、一見すると売上目標を達成しているようでも、数値管理がボロボロで、利益を圧迫しているケースがよくあります。よく分析してみると、販売も№1なのに、マイナス利益も№1という場合があるのです。

問題のあるベテラン社員がいる店舗もよく見かけます。彼らは勘違いした経験が邪魔して、なおかつ体力がありません。現場に長時間いても仕事量は少なく、遅刻や欠勤も多いのです。そのような人間が偉そうにしている店で働くスタッフたちは、たまったものではありません。

継続することで未来型の店長会議にする

経営者はこのような店舗の現実を理解した上で、店長会議を仕切る必要があります。数値を確認するのは当然ですが、それだけでなく、現場でできている点、できていない点を確認します。そして、できていないことはどう改善するかを議論し、組織全体で繰り返し改善するように指導するのです。

信用できる店長がそろった体制ができあがっていれば別ですが、問題ある店長が組織全体の足を引っ張っている状況があるなら、徹底的に鍛える方針で取り組まなければばなりません。

店長会議は、筋力トレーニングと似ています。せっかく頑張ってトレーニングしたのに、やめたとたんに元の体型に戻るのと同じことです。一度、目指した理想の肉体があれば、やり続けることこそが成果につながるのです。

あなたの組織では、店長を鍛えあげる店長会議ができていますか？　よく確認してみてください。

組織がうまくいっていても、店長会議をやめてしまえば、店長たちのスキルは元に戻ってしまいます。**店長会議は、継続することで、過去型ではなく、これからの組織を創る未来型のものにするべきなのです。**

7　経営者が集まる勉強会が必要な理由

2章では、多店舗経営者が持つ共通のお悩みを中心にお話しさせていただきました。最初に紹介した事業計画の①経営戦略②経営管理③組織づくりは、経営者になって初めて考え、取り組むことばかりだと思います。店の規模が大きくなるとそれだけ失敗のリスクも大きくなり、前へ進む一歩を行動に移すことが難しくなっていきます。競合店の出店も、経験の浅い経営者には大きな脅威となるでしょう。

そんな状況を解決するために、経営者はどうしたらよいのでしょうか？　だれに教えてもらえばよいのでしょうか？

実は、その相手は身近に存在します。

そうです。同じ地域で先に成功している多店舗経営者に教えてもらうのです。

もちろん、たやすく教えてもらうことはできないでしょう。しかし、**みんなを集め、そのエリアを競合店から守るために経営者同士がコミュニケーションを円滑につなぐ**

勉強会を行うことは、立派な大義名分となります。

勉強会をすることで経営者が強くなる要素もあります。経営者同士が集まると現場を離れて経営に集中して、考える時間を創出でき、コミュニケーションのズレがなくなり、共通認識ができ、不安が解消され、モチベーションが継続され、プラス発想になるのです。

先輩経営者が経験してきた失敗から学べば、成功確率を上げることができるでしょう。なにより、身近な存在で同じ商売をしている経営者の言葉ですから、説得力が断然に違います。ただし、後輩経営者も現場での成功事例があればお返しに話すこと。そうしなければ、相互繁栄の信頼関係が崩れていきます。

見える部分だけを見ても本当のことはわからない

経営者に必要な「考える力・判断する力」を養うには、「氷山理論」を理解しておくとよいでしょう。

氷山理論とは、海に浮かぶ氷山の80％（見えない部分：経営理念・経営戦略・事業計画・組織風土・育成ノウハウなど）は海のなかに沈んで隠れており、表面に現れた20％（見える部分：商品・人・店など）のみが氷山全体を表現しているように、見るものを錯覚させてしまうことです。

これを個店経営（家業体質）から多店舗経営（企業体質）に変化するプロセスに例えて解説すると、氷山が大きくなる（店舗が増える）プロセスで、見えない部分（事業計画など）が支えなければ、海のなかに沈んでしまうということです。その結果、出店は順調だが利益は減少傾向の増収減益の状態が悪化してしまいます。

これは、コンビニの経営者もよく起こす錯覚現象です。他店の売場を見ただけで、

「このレベルなら、自分の店と同じレベルで取り組みも一緒だ」と錯覚してしまうのです。

その店が実は、店長が店舗運営をせずに、入店3カ月以内の新人スタッフだけで売場を作成し、積極的にセールストークを実施している店だったとしても、見える部分だけを見ていては、誰にもわかりません。そのノウハウも目に見えないので、それも経営者に直接聞かないとわからないのです。**店舗拡大が順調に進むにつれて、見えない部分の構築および成長が必要不可欠になります。**

ローソン内である一定の成功をおさめている多店舗経営者は、ローソンのことをよく熟知して商売、経営をしています。ローソンの経営理念を理解して、既存店舗の経営をしながら、地域・エリアで多店舗展開を加速させています。

複数店経営から多店舗経営に変化する経営者同士の勉強会をするなら、そのテーマは次の3つに重点を置いて作り上げることが大切です。

①経営理念、事業計画を社員、アルバイトに浸透させ共感させる居場所づくりおよび行動原則の習慣化
②独自の社員教育ノウハウと組織ルールに基づいた組織図および人員配置
③社員、アルバイト共通の評価制度の運用およびスキルアップの明確化

最後に、次の文章を読み、経営者としてどのような勉強会を自ら開催できるかを考え、構想を計画してみてください。それこそが、地域・エリアでの勉強会のオリジナルの型になります。

『店舗の存在理由とは』
店舗ビジネスには、共通することがある。それは、人が接客をするコト、人が顧客であるコト、店に商品があるというコト。この共通点は、不変の法則である。

また、店のブランド（価値観）によって客層（男女比・年齢層など）が決まる。人の接客によって、客質（リピーター・新規顧客など）が決まる。「商品×人」こそが、その地域での持続的成長を実現させる。

商品が生活の一部になれば、顧客の生活時間は劇的に変化する。

あなたが顧客とコミュニケーションをつなげば、顧客の居場所を創れる。リピートが顧客の生活習慣の一部になってしまう。

いったいなんのために店が存在し、なんのために商売をしているのだろう。誰のために商売をしているのだろう。それを考えずに、一生懸命働くことこそが本当の価値なのか？　いや、努力に価値など存在しない。あるのは、結果のみ。だが、努力をしなければ、失敗も成功も存在しない。挑戦する気持ちと行動する習慣が十分磨かれた組織にこそ、成功する商売の神様はやってくる。

店は無数に存在する。そのなかで顧客は特定の店に来店する理由を欲しがっており、そこに店の利益は関係ない。逆に店の経営者は利益を欲しがり、顧客の来店理由は関係ない。

そこに、矛盾が生じる。店舗数が拡大すれば、そのズレは、歪みへと大きく成長する。

顧客は、それだけ来店する理由が欲しい。もっと言えばその店で買う理由が欲しい。

もう、店の入口が開いているだけでは、選ばれない時代に突入した。店づくりでは、顧客が店にくる理由をスタッフが伝えられるかどうかが、新興勢力であるネット市場との唯一の差別化になる。

どんなにITが進化して効率化が進んでも、この先の10年は店で人が接客するアナログ行動は普遍的に変わらない。

人が育たなければ出店はありえない。出店しなければ売上を上げることはできない。人育てこそ、無駄ではなく最良の投資なのである。

以上の言葉を聞いて、あなたなら、どんな勉強会を開催できますか？

まず、白紙のA3用紙に①3年後の自社組織・自店②5年後の自社組織・自店のそれぞれの「店舗存在理由」を箇所書きで書き、それを確認してみて欲しいと思います。

第2部

3章

店を強くするスーパーバイザーとの付き合い方

1 スーパーバイザーの役割とは

加盟店ビジネスで、本部と加盟店の大切なパイプラインを担うのがスーパーバイザー（店舗経営指導員・多店舗経営の加盟店の場合はストアコンサルタント）です。地域特性に合わせたお店づくり、売場づくりには、スーパーバイザーの力が必要不可欠になってきます。

加盟店の経営者や店長に対する個店に合わせたスーパーバイザーの的確な商売・経営のアドバイス次第で、その店が地域のお客様に愛されるお店になるか、それともただの24時間営業の店になるのかが決まります。

ひとりのスーパーバイザーは、8～10店舗を担当します（各店に週2回程度行くとなると、それくらいが時間的に精一杯です）。担当店すべての年商を合計すると、約10億円規模相当になります。売上を1％改善するだけでも、1000万円伸ばせたことになるのです。スーパーバイザーは、想像以上に大きな金額を動かすことが理解できるはずです。

スーパーバイザーの業務は、端的に言えばお店の顧客づくりと商圏を意識したコンサルティングです。顧客ニーズや商圏情報を的確に捉え、仮説を立て、検証を繰り返し、情報分析を行います。その上で、加盟店に対して商品の仕入や売場展開、売り方などの売上に直結する経営指導を多角的に実践します。

スーパーバイザーの「志」は、そのお店を地域の一番にすること。つまり、顧客に愛されるお店に成長させることです。地域一番店になれば、オーナー（加盟店経営者）のモチベーションも上がり、多店舗展開も実現可能になります。高いレベルの経営者が運営する店が地域に多いほど、コンビニチェーンにとってもブランドイメージの向上につながります。

スーパーバイザーがスタッフを直接指導することも

ところで、メールや電話でやり取りすればいい時代に、なぜ直接顔を合わせるスーパーバイザーの存在が大切なのでしょうか。

スーパーバイザーが加盟店に出向くのは、本部の意向に沿って店づくりなどをしているかをチェックするポリスマンのような役割がひとつあります。加盟店経営者がチェーン企業のブランドを守りながらしっかり商売しているかどうかを確認するのです。経営者がチェーン企業に加盟すると、店舗のオープン数カ月前に、スーパーバイザーが担当として新規加盟店経営者と顔を合わせます。担当のスーパーバイザーは、その後、通常、週1回はお店に巡回してきます。加盟店経営者が店にいない時間にくることもあり、そんな場合はパートさんやアルバイトとも話をします。彼らに直接アドバイスして育成してもいいのですが、そこまでやるスーパーバイザーは少ないと思います。

店長がいないときに、スーパーバイザーがパートさんに直接、店の売場の変更などを指導することもあります。加盟店経営者や店長ができないことも多いのです。

コンビニ経営者は、スーパーバイザーと上手に付き合い、活用し、地域一番店を作り、さらに多店舗展開を目指すことをおすすめします。

ローソンのスーパーバイザーの特徴

ローソンのスーパーバイザーは、売場づくりにどのように取り組んでいるのでしょうか。

ローソンのスーパーバイザーの巡回の仕方は、2種類の基本パターンがあります。ひとつは加盟店経営者に会って経営指導したり、販売施策についてアドバイスしたりする通常巡回。もうひとつは店長やアルバイトを現場で指導しながら課題を視察して、加盟店経営者に報告する店舗巡回です。

ローソンでは、支店・エリアごとにも、支店方針発表や加盟店経営者の勉強会、クルー勉強会（アルバイト向け）、重点催事勉強会（恵方巻、おでん、年末商戦の商品など等）を開催することで、スーパーバイザーと経営者がダイレクト・コミュニケーションによる意思統一や、成功事例店舗の取り組みの情報共有、スタッフごとの戦闘意識の強化などを行っています。

次に、あるローソンの店舗の近所に競合店が出店したときの事例を紹介します。

ある加盟店の商圏内200m先にトップチェーンの新店A店舗、さらに500m先にB店舗がオープンしました。自店は、平均日販クラスの店舗で、駐車場はなく、駅前立地です。競合店は、2店舗ともに幹線立地で、駐車場も15~20台と敷地面積も広く、ハード面が有利です。

この加盟店経営者にとっては、初めて経験する競合店対策です。しかも、2店舗同時出店。このままでは、大幅に売上が低下することが予測できます。そこで、まずスーパーバイザーが加盟店経営者と話し、不安を聞き出しました。

まずは、アルバイトへの不安要素です。

「売上が低下して、やる気をなくし、辞めていくかな」

「教育しても、なかなかスキルがあがらない。戦力は十分なのか」

次に経営者自身の不安要素です。

「競合店は、商品力、接客力もすごくよい」

「コンビニの数が増えて、さらなる人手不足になるのでは」

「利益確保ができるのか、生活は大丈夫なのか」

店長の不安要素は以下のようなものです。

「オープン後、怖くて競合店を視察することができませんでした。これは、正直な気持ちです」

「顧客を取り戻すことができるのか」

これを受けて、経営者はスーパーバイザーともう一度、マチ（商圏）を見ることからはじめました。そこから、新しく見えてきたものについて商圏を再分析することで、客層の拡大を目指すことになりました。

その打ち手は、商圏内の既存顧客と新規顧客（見込み客）に対してチラシを2種類作成し、配布することでした。

既存顧客に対するチラシには、お得商品や売れ筋商品の説明を中心に金額を大きく表示しました。新規顧客に対するチラシには、なぜこの地域でコンビニをはじめたかを説明する文章を大きく表示し、来店する顧客に一歩踏み出してもらえる内容にしました。

配布枚数も、既存顧客用は全体の30％とし、スムーズに配布することを目的にしました。新規顧客用は配布枚数を70％とし、なかでも見込み客に対しては丁寧に接客するようにしました。

また、高齢の顧客に対しては宅配も相談にのると付加価値もつけ加えました。

この施策の結果、競合店がオープンしてからも前年比の下げ幅は10％を下回ることがなく、経費コントロールだけで利益を確保することができました。さらに、新規顧客が増加したことで、主要客層にも変化が表れ、売場も活性化したのです。

この取り組みで、成功体験を手にいれた加盟店経営者と本部のスーパーバイザーは、これまでよりさらに信頼関係を築くことができ、加盟店経営者も以前より自分の言葉でスーパーバイザーに話すようになりました。

ローソンでは、スーパーバイザーと経営者がこのような現場強化策を毎週どこかの店で実施し、成功事例と失敗事例を共有することで、次回の重点施策の際の成功確率をあげようとしています。

2 新規出店で勝てるスーパーバイザーとの付き合い方

コンビニ業界は大量出店の大きな競争の流れのなかにおり、駅前や繁華街の一等立地を本部が確保して出店することは、至難の業になっています。ネット市場が好調の波にあり、顧客の購買心理は多様化しています。新規出店したからと言って売上が確保できる時代は終焉を迎えました。

そんななかで、新たにコンビニを開業する加盟店経営者が生き残り、勝ち続けるのは、スーパーバイザーの協力なくしては実現できません。

本部のスーパーバイザーとどのように上手く付き合うか、新規開店のプロセスの典型例を使って説明していきますので、参考にしてください。

新規出店のオープン初日までは計画的で整った支援をしてくれたスーパーバイザーらの本部スタッフも、オープン1週間もすれば徐々に離れ、商売素人の加盟店経営者が店舗運営を開始しなければなりません。オープン前に習得した基本オペレーションも、座学形式の内容に過ぎず、現実の壁にぶち当たり、それを修正しながら、先に進んでいくことになります。

コンビニ経営は個人商店と違い、「はじめよければすべてよし」です。新規開店すると、数日の間に数千人の顧客があなたの店に来店し、品揃えとサービスを評価して口コミが広がります。**オープン後3日間と1週間の売上基準で、その後の平均日販がおおよそ決定してしまいます。**

そして、オープン時に来店した顧客が再度来店する頻度が高い開店2週間までの時期に、売場を差別化するアピールができれば、売上は大きく低下しません。この間は家族に無理を言ってでも、しばらくは店づくりに専念すべきです。

開店3カ月までは、スーパーバイザーの協力が店舗の基礎固めに役立ちます。**全体の店舗状況を見て、経営について、的確な判断を下せるのはスーパーバイザーしかいないのです。**

たとえば、開店3カ月の数値データについて、スーパーバイザーから仮説・検証・改善点について経営指導を受けることができます。場合によっては、自店の商圏に合わせてポテンシャルを上げるための売場レイアウトの変更が必要になるかもしれません。

この時期は、スーパーバイザーのアドバイスを受けながら、日々の業務の習慣化やアルバイトへの指示の出し方を経営者として訓練し、身に付ける最初で最後の時間になります。コンビニ経営未経験者が最初から上手くいくはずもなく、この時期の失敗経験は、今後の成長に大きく影響するので、しっかりと受け止め、謙虚に分析することをおすすめします。

トラブルも多く発生します。商品の入れ忘れ、基本商品・セール品の欠品、アルバイトの急な欠勤や退職、タバコや消耗品等の発注忘れ、長時間労働による不安定な生活などです。毎日なにかしらのトラブルが発生するのも、商売の一部と素直に受け入れたほうがよいでしょう。

商売は簡単なものではないことを実践のなかから学ぶ期間ではありますが、顧客に対しての姿勢だけは素直・謙虚でなければなりません。一度そっぽを向いた顧客は二度と戻ってきません。大量出店の時代では、消費者の目はしっかりしており、普通にオープンしたお店と思われれば、競合店には決して勝てないでしょう。

この3カ月間は、積極的にスーパーバイザーや近隣の加盟店経営者に質問するべきです。ひとりで思い悩んでも解決できることは非常に少ないです。

人手不足で競争激化の環境では、「考える」だけでも、「行動する」だけでも不十分です。「考えながら行動する」、この習慣を身に付けることが必要になります。

オープンから3カ月もすれば、スーパーバイザーの開店サポート支援もなくなります。そのあとが、加盟店経営者の本当の意味でのオープンになるのです。

加盟店経営者と問題を解決する姿勢を持っているか

「なにもしてくれない」「売上が予測と違う」など、スーパーバイザーを恨み、本部不信になることもあるでしょう。確かに、スーパーバイザーにもさまざまなタイプがいます。なかには、経験不足のスーパーバイザーや、経験はあるのに実力のないスーパーバイザーもいます。

最も大切なことは、スーパーバイザーが加盟店経営者と一緒に問題を解決する姿勢を持っているか否かです。人が考え行動する商売ですから、スキル一辺倒の指導では、加盟店経営者は納得しないでしょう。どれだけ親身になって店のことを考え、一緒に取り組んでくれるかどうかを重要な判断基準にするべきです。

その上で、スーパーバイザーの協力は積極的に活用してください。10年間も経営すれば、本部に支払うチャージは契約期間満了までに莫大な規模になります。その対価に見合った経営指導を求めるのは当然の権利です。しかし、基準が曖昧なものまで主張しては本部との関係が悪化するだけです。

本部との友好な関係づくりと共存共栄の精神により、スーパーバイザーを活用しながらコンビニ経営をしていくのが、中長期的に見れば、商売を継続するための賢いやり方になります。

独立開業することに不安がある加盟店候補者は、ローソンの「フランチャイズオーナー・インター制度」をおすすめします。毎月30万円の給与を契約社員（1～3カ月間）扱いでもらいながら、店舗経営を学び、独立することができる制度です。

この独立制度には、次のような3つのメリットがあります。

メリット①　加盟金150万円全額免除・出資金150万円の分割支払いも可能
メリット②　店舗経営を学びながら独立開業を目指せるので失敗しにくい
メリット③　転居費・住居費の一部を支援してくれる

以上のように優遇される制度ですが、最終的な加盟店契約時には、面接や審査基準をクリアする必要があります。興味のある候補者の方は、加盟店経営者募集説明会時に個別面談することをおすすめします。

最後に、**新規出店で起きたトラブルや不安感・疑問は、「新店経営ノート」を作って**

記録するといいでしょう。経営が落ち着いたときにそれを冷静に分析することで、その後の商売・経営に役立ちます。複数店経営者や多店舗展開する経営者は、その記録を店別にパターン化することで、「多店舗化マニュアル」を自社組織で作成することができるでしょう。

3 できるスーパーバイザーの条件

できるスーパーバイザーは、しっかりとした売場基準を持って経営指導を実践します。

売場基準は、大きく分けて3つあります。1つ目は「量：客数に応じた適正在庫量」、2つ目は「幅：アイテムの選定及び適正なアイテム数」、3つ目は「陳列：選びやすく、欲しくなる演出」です。

これが指導できているスーパーバイザーとできていないスーパーバイザーとでは、

お店にもたらす数値結果が当然違ってきます。

また、できるスーパーバイザーは、あるべき指導スタイル（個店に適応した指導）で、あるべき店舗づくり（格差のない店舗）をします。一方、できないスーパーバイザーは、マニュアル通りの指導（全ての店に均一化して指導）で、本部指示のみの店舗づくり（無理無駄が生じる店舗）になってしまいます。

スーパーバイザーにも、必ず得意分野はあります。売場の技術をしっかり取得している人は、売場で全員を巻き込むことが上手いです。数値データ分析に優れた人は、月次計画の精度に優れ、数字に根拠があります。加盟店経営者は、新店オープン時やスーパーバイザー変更時には、このような基準からスーパーバイザーを判断して、付き合い方を考えるとよいでしょう。

勝たせるスーパーバイザーに必要な6つの要素

コンビニエンス・システムは、どの小売業よりも最先端を導入しています。最近では、POSシステムだけでなく、IT技術の進化によってオペレーションの簡易化が進んでおり、科学的アプローチによる経営指導もはじまっています。

だとすると、もうスーパーバイザーは必要ないのではないかと考える加盟店経営者もいるかもしれません。経営指導が上手くいかず不十分になる傾向があり、メッセンジャー的な役割しかできないスーパーバイザーがいることも事実です。

これは、企業が大きくなるとどうしても発生する問題です。創業当時の商売人思考ではなく、サラリーマン思考の社員が増え、サラリーマンの延長線上でスーパーバイザーの活動をしてしまう社員が増えるのだと思います。

もし、あなたの店の担当がサラリーマン思考のスーパーバイザーになった場合でも、自分にそれが見抜けなければ、状況は改善できません。地域一番化を実現できる勝たせるスーパーバイザーかどうかを判断するには、次の6つの要素を持ち合わせているかを確認してください。

①**顧客思考力**

スーパーバイザーが目指すのは、地域に愛される店づくりです。**そのためになにより大切なのは、顧客視点で思考して、加盟店指導を実践することです。**顧客ニーズに適応するのは永遠のテーマのようなものですが、顧客とのコミュニケーションを積み重ねることにより、その地域にしかだせない個性・特性がつくられます。

②**変化適応力**

新商品CMをテレビで流したり、売場にPOPを出せば、全国どこでもある程度同じように売れるような売り手市場の時代も、かつてはありました。いまは、全国均一化では販売数は望めません。売り手が想像する以上に消費者のニーズが多様化し、進化しているからです。だから、スーパーバイザーは**変化に敏感に反応し、それを意識した商売行動が実践できなくてはなりません。**

③**店舗観察力**

現場主義で勝たせるスーパーバイザーにとって、**店舗観察力は生命線のようなもの**です。担当店舗周辺にどのような店が多く、どのような客層が集まっているのか、平日型なのか、週末型なのかを把握する必要があります。この観察眼が低ければ売場はひどい状況に陥り、顧客は無言で離れていきます。

④コミュニケーション力

スーパーバイザーと加盟店との信頼関係の構築は、とても重要な役割を占めます。担当店の商圏がそれぞれ違うように、加盟店経営者の性格や個性も様々です。**コミュニケーションをしっかりとることで、店と本部が一体化し、信じられないような販売結果を生み出す**こともあります。

⑤調査力

経営コンサルティングを実践することがスーパーバイザーの目的です。それをスムーズに実践するためには、本部の各部署と円滑に協力し、**机上の空論のデータ主義で**

はなく、しっかりとした根拠を調査できる能力が求められます。店づくりでのさまざまな「なぜ？」に対して、そのまま放置せずに解決することで、的確なコンサルティングを可能にします。

⑥ 交渉力

経営者にスーパーバイザーが自ら考えた行動・商売をしてもらうためには、交渉力がとても重要になります。毎週の巡回の場でひとつでも進化・成長していることがあれば、どのような交渉アプローチがそれを実現したのかを記録し、確認することで、スーパーバイザーに交渉力が身に付いていきます。

加盟店経営者は、このような6つの要素をバランス良く持ち合わせたスーパーバイザーかどうかを日々の巡回で判断する必要があるでしょう。

4 店長・アルバイトとスーパーバイザーの関係

コンビニの店舗力は、店長（加盟店経営者）、アルバイトとスーパーバイザーが三位一体になったときに、大きく飛躍して強くなります。

本部から毎週くるスーパーバイザーは、ある意味でルーティン（日々の業務で、やることが決まっている仕事）の要素が強いワークスケジュールです。一方、現場で働く店長やアルバイトは、毎日多くの顧客に接客しながら時間内に決まった作業を終了しなければなりません。よって、両者の関係はスムーズに進行しないことがよくあります。

ここでは、お互いの立場でどのように付き合っていけば友好な関係を築きながら店舗力を向上させられるかについて解説していきたいと思います。

まずは、店長、アルバイト、スーパーバイザーそれぞれの心理状態や性格傾向を理解しましょう。

【店長】

売場づくりや商品が好きな傾向がある。ブランドにも愛着があるが、表に出して表現できるタイプは意外と少ない。店舗運営では、教えることが苦手なタイプが多く、育成について悩みを抱えている場合がある。数値分析が苦手なタイプも多いが、販売することは得意である。加盟店経営者が別にいる場合は、本部との板挟みになってストレスを受けていることもある。

【アルバイト】

店長が不在時は、不安になるケースが多い。店舗責任者ではないので、自分に教えてくれる人や指示を出す人がいないと、仕事がマンネリ化する。チームで動くことにより、店長と同じような仕事をこなすこともある。

【スーパーバイザー】

毎週、本部の指示を徹底することで評価が決まり、担当店の数値を伸ばすことが優先になるので、時間に余裕がないケースが多い。商品や売場の知識については強いタイプが多いが、対面コミュニケーションが必要な育成・接客については苦手なタイプもいる。

スーパーバイザーの立場に立って業務を依頼する

こうして役割別に確認すると、スーパーバイザーが一番、店舗で時間的余裕がないことが理解できます。それでも、経営者の不在時に売場や指導をサポートして欲しい場合は、店長やアルバイトはスーパーバイザーの立場に立って業務を依頼することを忘れてはなりません。

必ず、「いま、時間いいですか？」「聞いて欲しいことをメモしていただけませんか？」などと気づかいをすれば、スーパーバイザーも人間なので、快く動いてくれるでしょう。もし何回言っても動いてくれない場合は、それがどのような案件なのかを記録に残しておきます。なにも記録が残っていなければ、たとえ本部に直接伝えても、根拠がないのと同じように扱われてしまいます。

それぞれが違う立場であることを前提に接するように心がけましょう。どうしても理解できない行動については、我慢するより素直に話し合うことがベストな選択になります。

毎週、毎週顔を合わせるのですから、店長・アルバイトとスーパーバイザーが個々の個性を理解する時間を一度持つようにすると、コミュニケーションの質が変わってきます。お互いが敵ではないことに気づいておくべきです。

第2部

4章

LAWSON流
勉強会の作り方

私はローソンの本部社員だったころ、加盟店のオーナー経営者さんたちとともに勉強会を開いていました。セブン-イレブンでの経験も踏まえて勉強会の構成・資料を作成し、どうすればいい店づくりができ、売上が伸びていくかを経営者さんとともに考える場を何度も持ちました。多くの複数店経営者がこのときの経験をもとに、成果を出してくれたと思います。

この章では、当時の私の経験をもとに、加盟店ビジネスにおける勉強会のやり方や工夫、考え方・在り方などを紹介します。経営はもちろん、店長の育成のほか、パート・アルバイトの指導などにも役立つと思います。これを商売・経営づくりの参考にして、ぜひ自分なりの勉強会や指導の方法を考えていただければ幸いです。

1　指導コーチングを上手く活用する

コーチングは人を育てるためにもっとも効率的な技術です。

育成は、そのほとんどが部下とのコミュニケーションによって決まります。したがって、上に立つ者のコミュニケーション能力が部下育成をはじめ、組織全体の成果に大きな影響をもたらします。コンビニの店舗でも、店長とスタッフの関係性、スタッフの接客は、ほとんど口から伝えるコミュニケーションで成り立っています。

このような視点に気づくことができたのは、私自身がスポーツをしていた経験が大きいといえます。コーチングは、ビジネスの世界より速くスポーツの世界では、当たり前に行われていたからです。それをスーパーバイザー時代に取り入れ、現場で実践していました。

コーチングとはひと言でいうと、「相手の自発的行動を促進させるコミュニケーションの技術」です。どうすれば、相手の思考を「しなければならない」から「したい」に変え、自発的に動くようにすることができるのか。それがコーチングを学び、実践することで組織が手にする技術であり、ノウハウなのです。

コーチングにおける言葉の使い方

コーチングのポイントは、疑問を持ったときに、相手に「なぜ？」ではなく、「なにが問題なのか」という言い方をすることです。

「なぜ？」には、命令口調な部分があるのに対し、「なに」は質問を答えやすくする仕掛けがあります。相手に次になにをどうしたらよいかを考え、行動してもらうのです。

コーチングの際に、明日からでも即実践できる魔法の言葉使いがあります。それは、「がんばれ」の使い方・言い方です。

「がんばれ」も、実は指示・命令口調なのです。そこで、言い方を「がんばってね」もしくは「がんばってるよね」とするだけで、店長やスタッフの行動が変わることがあります。これは女性スタッフ・女性社員には特に効果があります。

管理職をコーチングする場合は、相手の話を聞くときの「あいづち」を重視します。これは、相手の呼吸に合わせながらあいづちをうち、必ず「へぇ～」「そうですね」「なるほど」という言葉を会話にはさむのです。

そして、**相手がポイントとなる言葉を発したら、同じ言葉を繰り返し、同調強化します**。これがとても重要です。相手が私の言葉を聞いてくれている。自分の立場を理解していると認識し始め、信頼関係づくりの第一歩になるからです。

たとえば、私が実際に行っていたのが次のような例です。

経営者「ここ5年ぐらい本当に、苦しい商売でした」

私（育成トーク）「へぇ〜そうなんですね」

経営者「やる気がないわけでもない。店内体制が整わない」

私（育成トーク）「なるほど〜」

経営者「こんなはずではなかった〜」

私（育成トーク）「こんなはずではなかったんですね」

私（育成トーク）「なんのためにローソンを始めたか考え、もう一度商売を学びましょうよ！」（ストロングワード）

対話が流れた後、私の場合は必ず同調強化のストロングワードを言うことで、動機を植え付けていました。そうすることで、「私といればなにか変わるんじゃないか」と相手に期待感を抱かせるようにしていたのです。

私はスーパーバイザー時代、加盟店の巡回後に、車のなかで必ず「ひとり巡回検証会議」に取り組んでいました。

「このケースではどのストロングワードを言えばよいか」とか、「まだあの経営者とは関係性ができていないのでストロングワードは使えないから、繰り返し言葉で同調強化を強めよう」などと、相手との会話を検証し、担当店舗ごとに対応の方法を工夫しようとしていたのです。

決まったストロングワードを持つと、提案での決め台詞がルーティン化しやすくなるのでおすすめです。

ここまでで述べた話を参考に、部下の指導法について勉強会で学んでみてください。

指導コーチング・ステップ

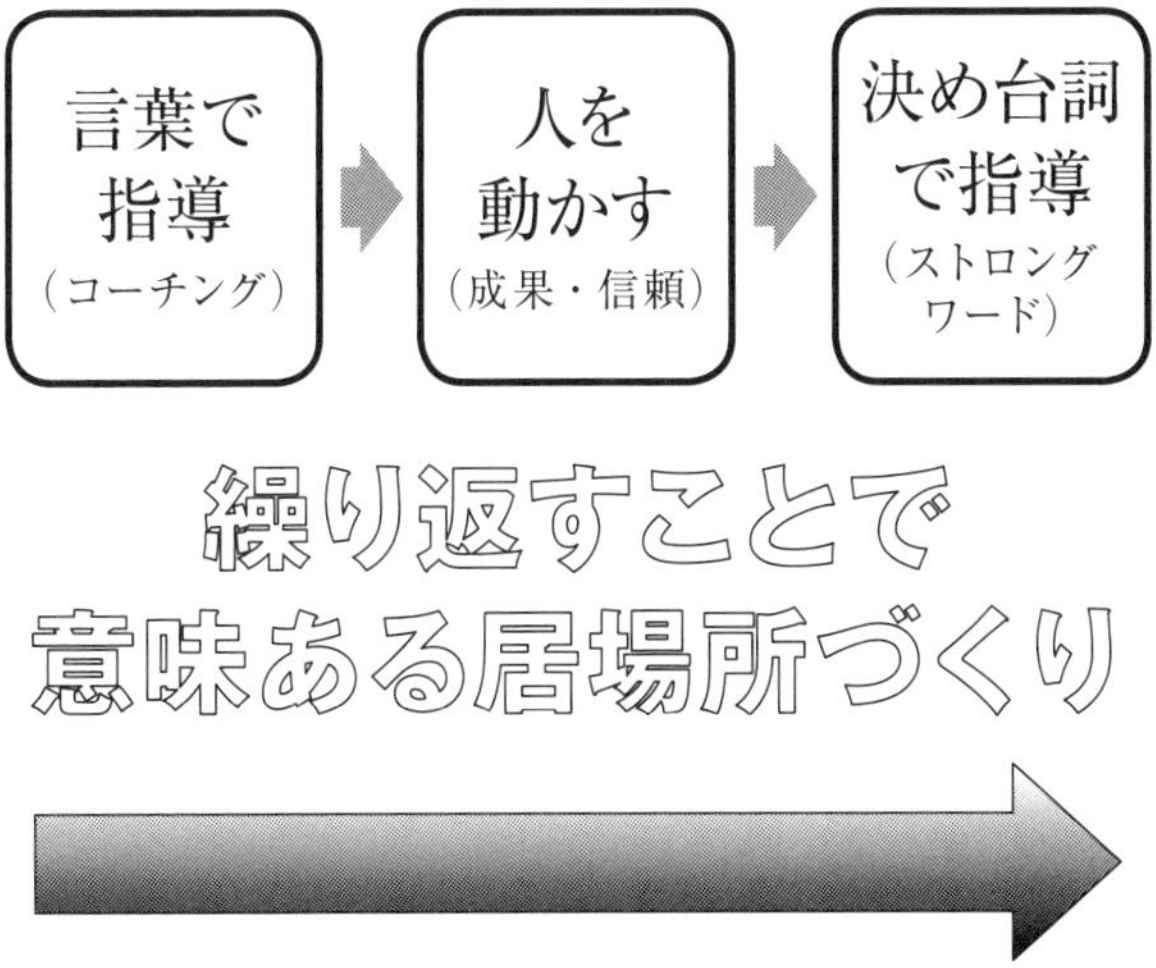

2 事前案内文で経営者のこころを鷲掴み

勉強会をする際には、参加する加盟店経営者に事前にある程度前向きになってもらうことが、成果を出す前提条件になります。そのほうが、講師側もモチベーションを高められるのです。

そのために、私には勉強会をはじめる準備としてこだわっていたことがあります。それは、事前の案内文です。

当時、事前案内文を書いている人は周りにいなかったので、ほかの講師と差別化を図ることができました。これをするだけで、参加する経営者には、「これまでと一味違う人物だ」という印象を与えたはずです。

さて、実際の案内文は、次（186ページ）のようなものです。

事前案内文の効果

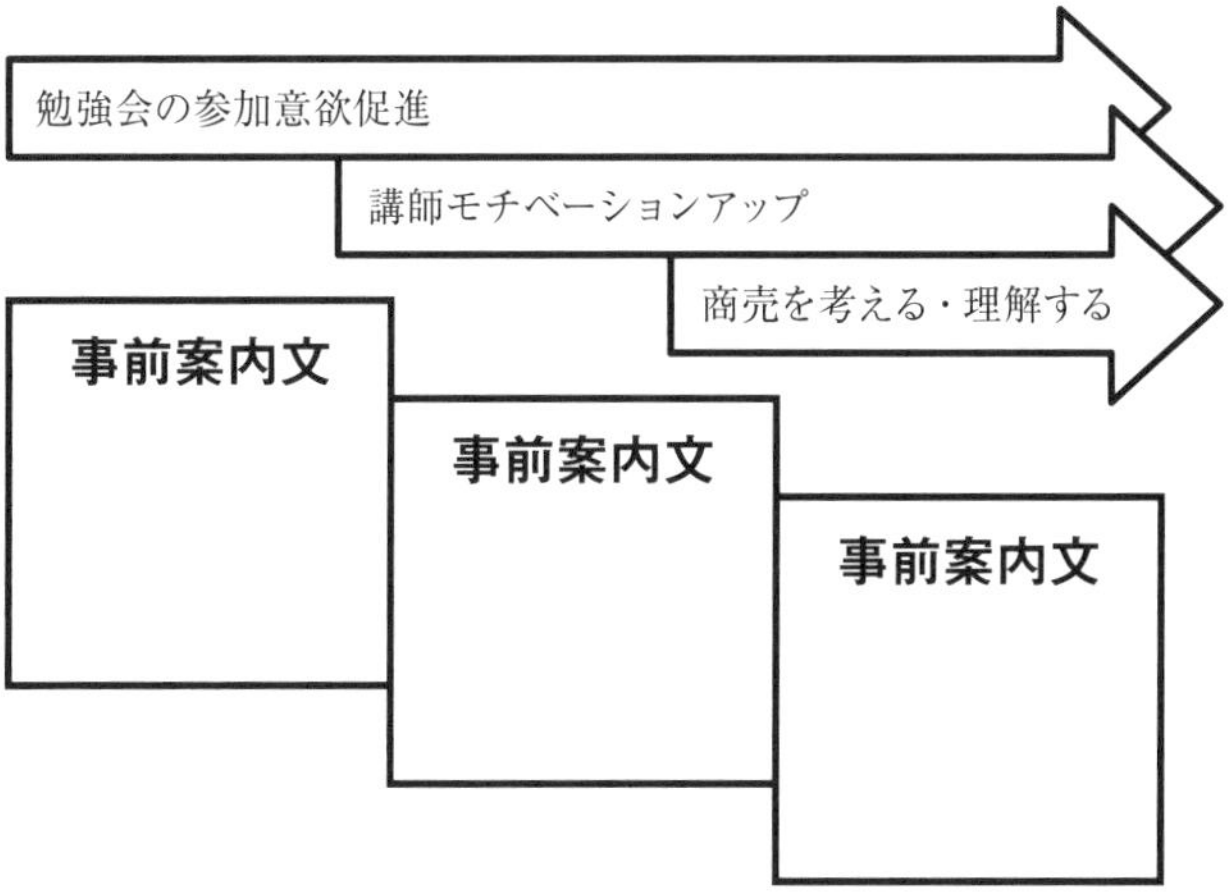

本気のメッセージ

加盟店オーナー・店長殿　　●●支店　田矢信二より

皆さん、日々の業務、お疲れ様です。

このたび「加盟店●●エリアを守る会」（勉強会）に参加していただけるということで、非常にありがたいです。店舗のシフト状況によっては参加が難しい場合もあるでしょうが、少しずつでも「成長・進化」できるように、みんなで心がけましょう。

勉強会で「経営者視点」を養っていただければ幸いと考えています。

また、勉強会での出会いを通じてリーダー・オーナー様たちが「交流の場」を持ち、継続してこのエリアの代表としての自覚を持ち、その発展向上に努めていただきたいです。

勉強会で学んでも、お店で「具現化」できることは毎回、ひとつかふたつかもしれません。しかし、その積み重ねこそが個店主義の「店舗力」を養うことになります。その目指す先は、「地域一番店」であり、「お客さまに愛される商売」だと思います。

9月より始まる「年末商戦」「おでんの拡販」こそが、個店ごとの下半期の分かれ道になります。何卒、本部のブランド価値向上のためにも、一緒に取り組んでくださいませ。

店長さんたちへ

店舗の商品を売るのは「店長の役割」です。

クルーさんを巻き込んだ仕組み化ができたときに、店内体制での作業効率が生まれます。

もし、なにかご意見・ご要望がありましたら、どんなことでも必ず勉強会アンケートにご記入くださいませ。お会いできる日を楽しみにしています。

以上

この事前案内文では、「年末商戦」「おでんの拡販」など、施策や商売への姿勢を具体的に書いています。勉強会当日、最初にこの話をすることで、事前案内文を読んでいるかどうかが、会場でわかる仕掛けです。

そして、最後に店長あてに経営者が店長に言いにくいことを書くことで、経営者からの信頼度がアップします。

3 勉強会資料に商売の店舗ストーリーを組み込む

私は、3年連続志願者数日本一である近畿大学で柔道に情熱を傾けていたころからメンタルトレーニングの講義を受けて興味が沸き、本も相当数読んで研究していました。小売業界に関わるようになってからも、さまざまな「商売の原点」の本を読んで、メンタル・タフネスの重要性の理解と研究をして、現場で実践していました。

そんな読書を通じて、影響を受けた3冊の本があります。

①日本におけるイメージ・トレーニング研究・指導のパイオニアである株式会社サンリ代表取締役会長、西田文郎氏の著書『No.1理論』（現代書林）
②居酒屋甲子園や居酒屋てっぺんで有名な大嶋啓介氏の著書『すごい朝礼』（現代書林）
③株式会社サンリ代表取締役社長、西田一見氏の著書『脳から変えるNo.1社員教育（社員が驚くほど意欲的に動くプログラム）』（現代書林）

この3人の著者が、私が勉強会で講師をするときの理想モデルとなっています。

私は、勉強会の準備のために、これらの書籍で見つけたストロングワード・キーワードや、セミナーなどの映像で見つけた印象に残るシーンを何度も見て、自分の脳に植え付けるようにしていました。その上で、何度も自分の話を録音して、自分の声がどのように伝わり、相手にどんな印象を持たれるかを考え、研究しました。そして、あるひとつの結論にいたりました。

それは、**講演の流れには必ず起承転結があり、なおかつストーリーがある**ということでした。

天才的な発想や、泣かせるような感動的な言葉・文章を作ることは私にはできません。しかし、商売に置き換えてストーリーをつくり、起承転結の部分に情熱を込めて商売を語ることは私にもできると気づいたのです。

それができたのは、あきらめず継続することになんのためらいもなく、やると決めたことは徹底的にやる性分を、柔道を通じて習得していたからだと言えます。

ここで私が言う店舗商売ストーリーとは、次のような手順で行うものです。これはそのまま、勉強会の流れ方（次項で詳述）になります。

①勉強会の目的・ルール説明（感情を込めずに話す）
②スポーツや他業態の感動映像を流す（5分程度・この時に参加者の反応を観察）
③商売の原理原則を話す（理解度編↓研修形式で進行）
④お悩みごとのヒントやロールプレイングできる内容（実践編↓現場形式で進行）
⑤最後に、いつも同じ言葉を繰り返す・商売の原点を話す・目指すべき未来を話す（情熱を込めて習慣化・居場所づくり）

店舗商売ストーリー

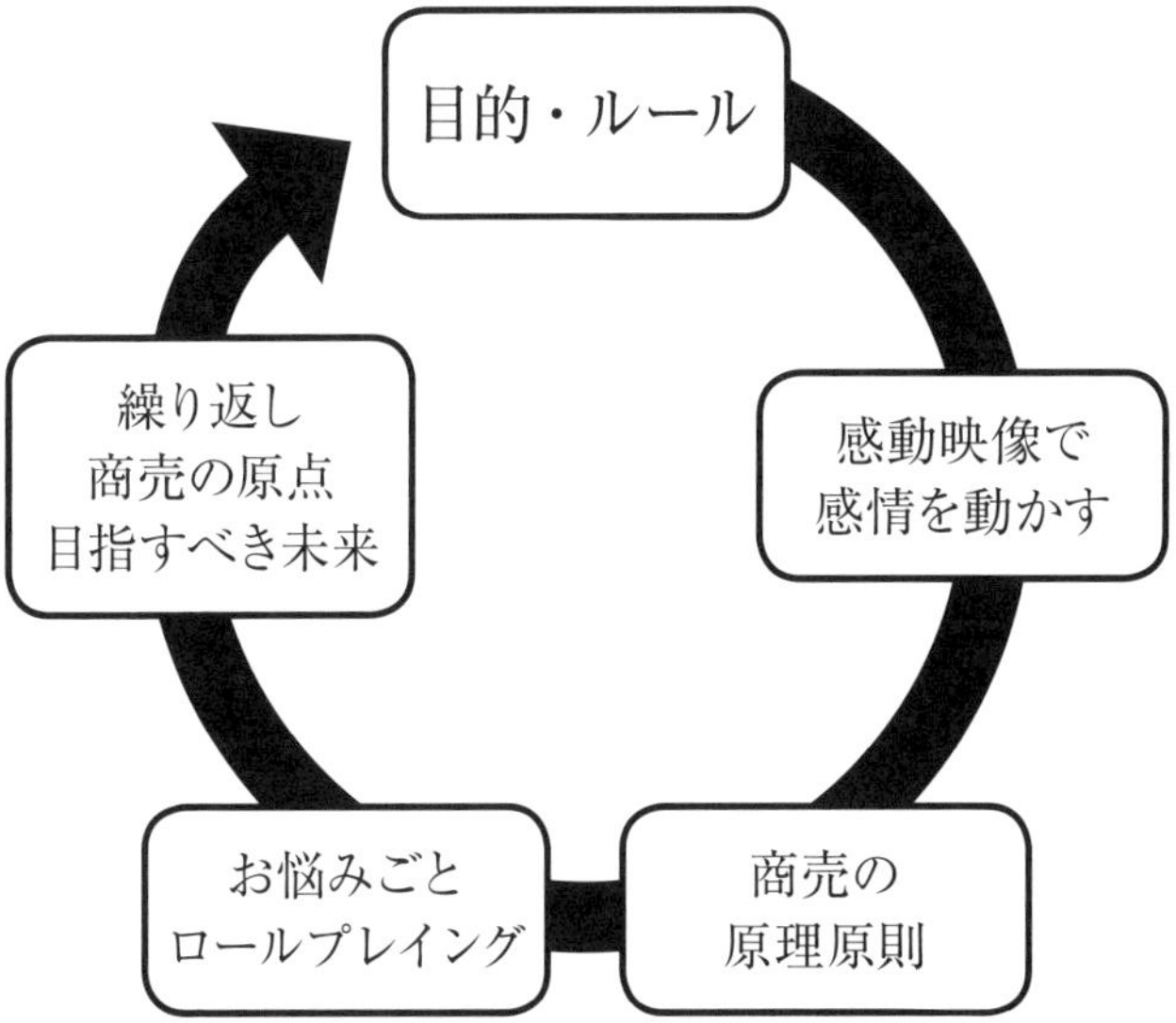
目的・ルール
感動映像で
感情を動かす
商売の
原理原則
お悩みごと
ロールプレイング
繰り返し
商売の原点
目指すべき未来

研修の流れ方も工夫する

世間でよくある研修の流れは次の図のようなものです。

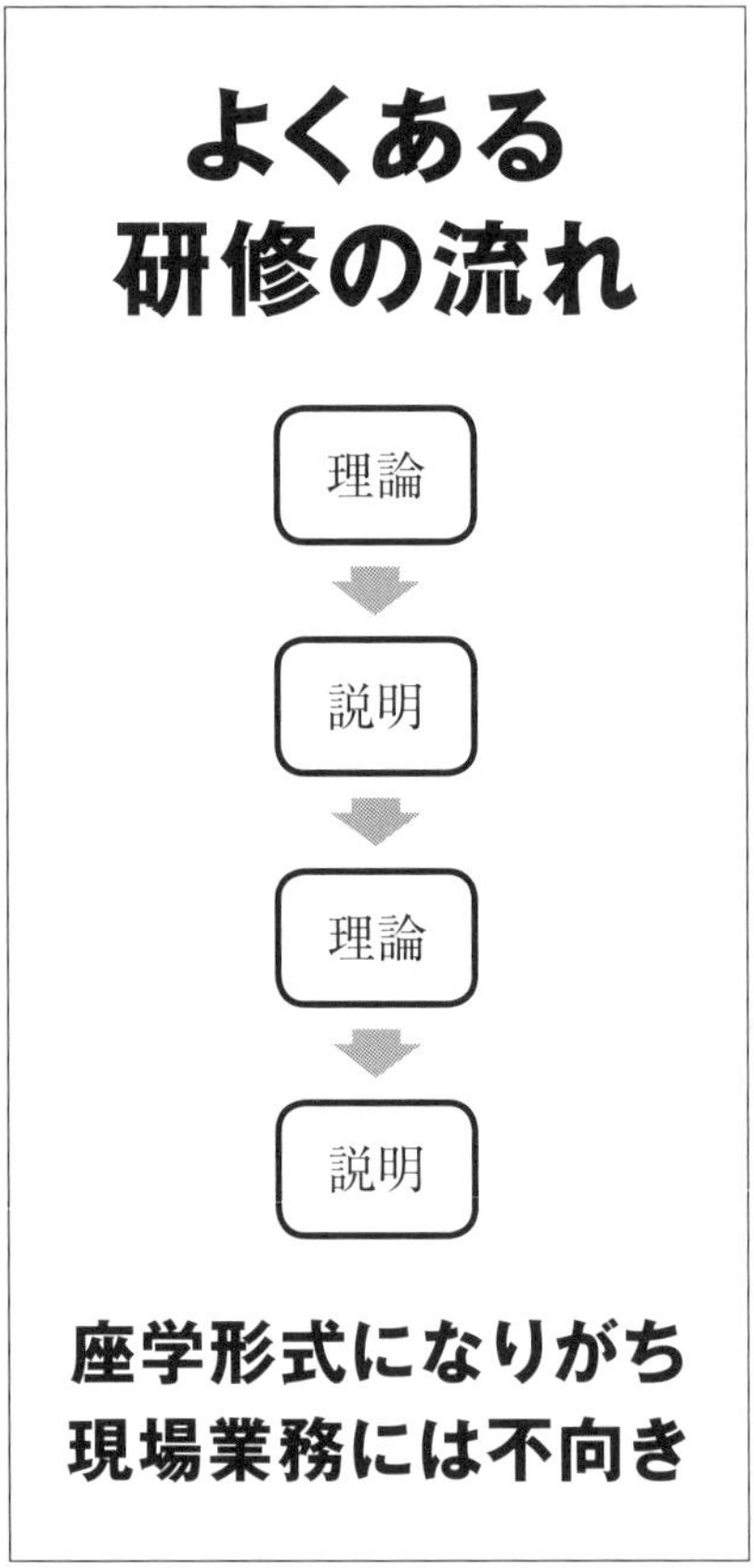

それに対して、私が行っていたローソン流の勉強会は、以下のような流れで進めていきます。

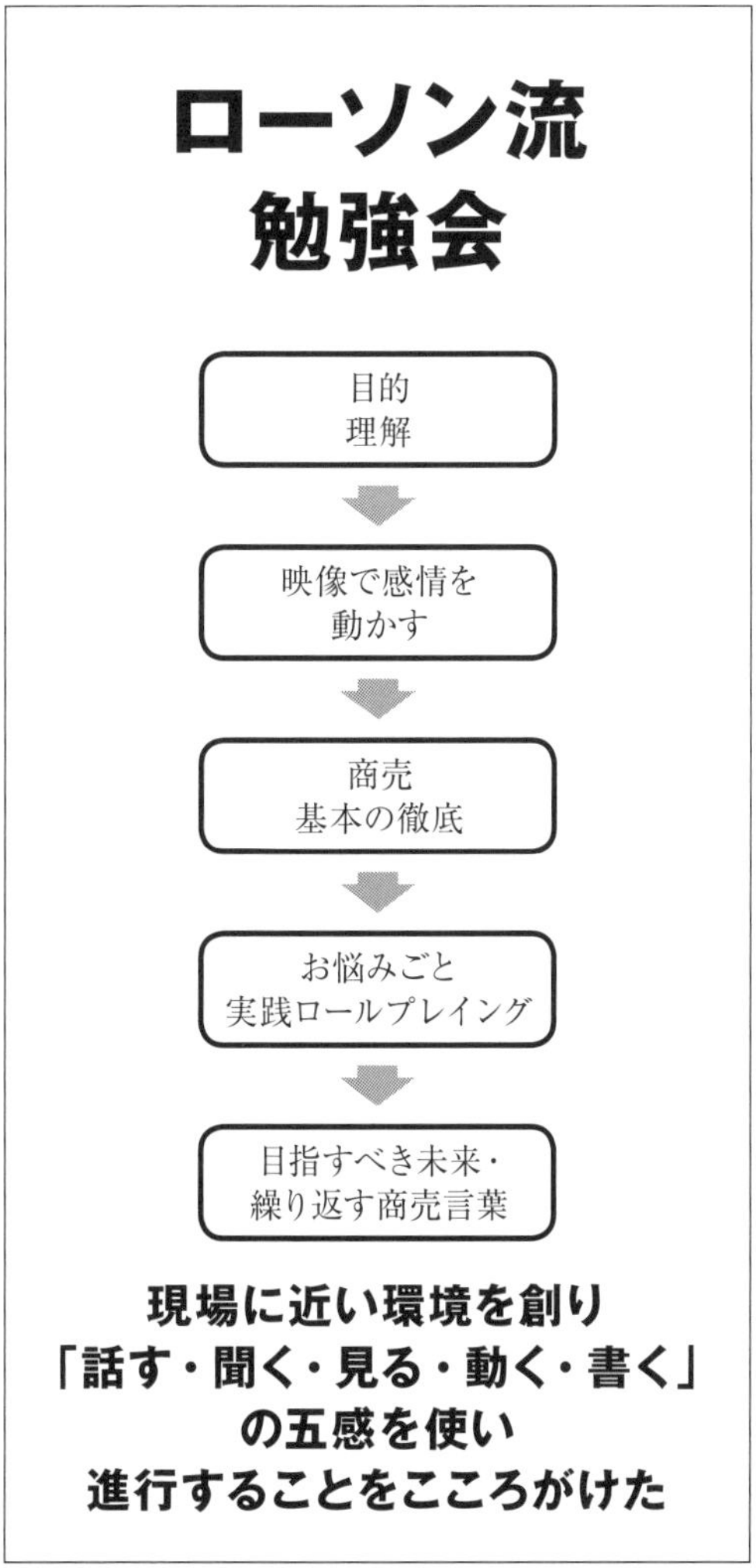

この違いを踏まえて、ローソン流勉強会の流れのひとつひとつを次のように構成します。

①勉強会の目的・ルール説明（感情を込めずに話す）

まず、最初に勉強会の目的とルールの説明をしっかり行います。**目指すべき目的とルールを決めることによって効率化を図り、無駄な間延びした時間を作らない**ようにこころがけます。

このとき、極端に感情を込めて話さないことが重要です。本当に、大切なときに感情を込められなかったり、体力的に声が出にくくなることを防ぐためです。

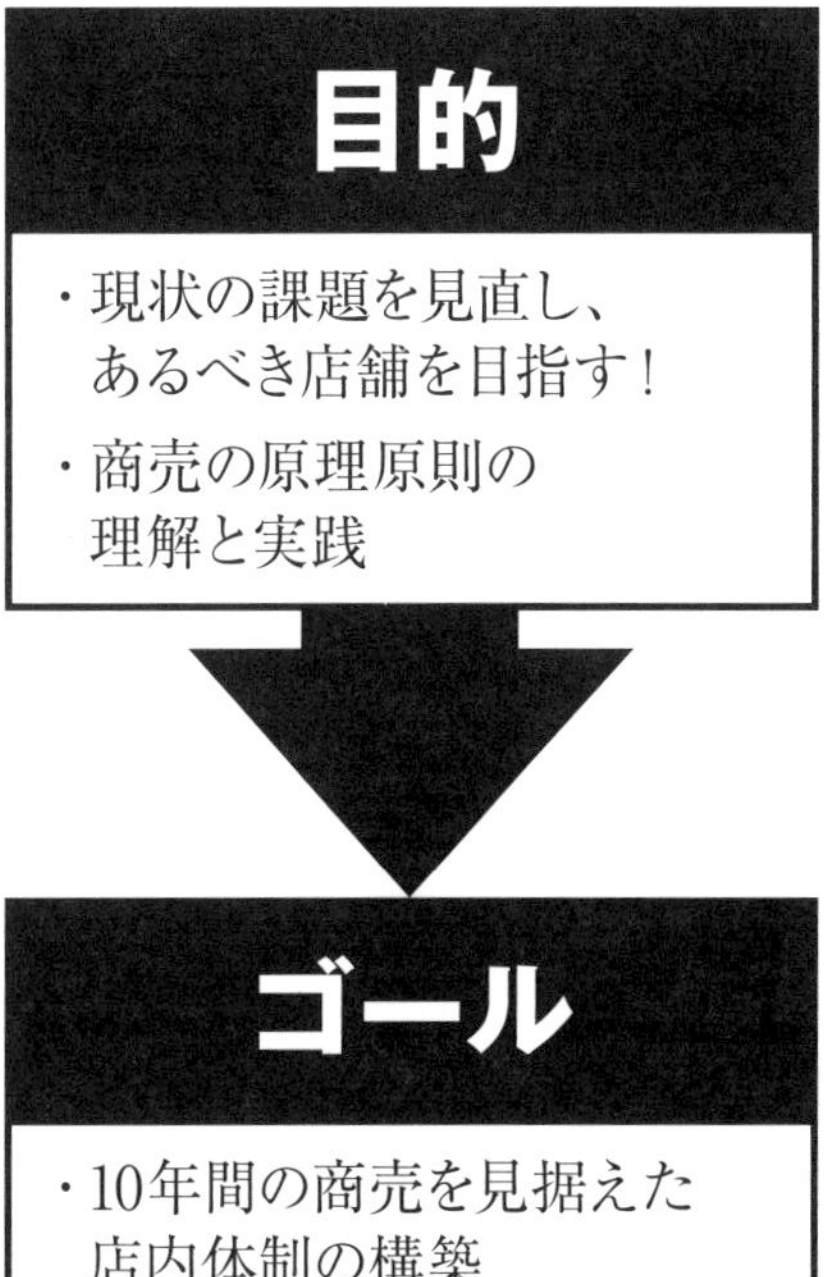
・現状の課題を見直し、あるべき店舗を目指す！
・10年間の商売を見据えた店内体制の構築
・地域一番化を多店舗展開で実現する

②スポーツや音楽の感動映像を流す（5分程度）

映像は、観る人に共通認識を生みやすいメリットがあるので、うまく使いましょう。

事前に、勉強会参加者の中のリーダー的存在の経営者が好きなスポーツや音楽を調べておき、それに合わせたものを用意するとよいでしょう。

ポイントは、たとえばスポーツのビデオを見るときに、「選手の表情をよく見てください。敵チームが競合店で、ファンがお店のお客様だと思ってください。選手も監督もファンも、みんな一丸となっていませんか？　地域一番化の状態とは、このような状態を言います」などと助言することです。そうすることによって映像が頭に残り、その後の商売の話がスムーズに、しかも楽しく進行します。

パソコンが得意な方がいれば、ムービーメーカーを活用して自社オリジナルの映像を作成すると、より共感性が生まれやすくなります。それが無理な場合は、教材映像やYouTube等で日本代表クラスのスポーツ映像や業界に最適な映像を探して使うことをおすすめします。

③商売の原理原則を話す（理解度編）

本部社員なら当たり前と思うようなことや小売業に携わる人ならわかることなどを

説明して、**コンビニ視点に凝り固まった経営者・店長の〝現場のコリ〟を取る**作業をします。

たとえば、「知っていますか？　●●アパレルではこんな売場展開があります」「あそこのスーパーはＰＯＰがとてもうまく活用されています」「●●地区の百貨店の地下食品売場は学びの宝庫です。ぜひ、家族と一緒に視察してください」など、コンビニ以外の商売の話をできるだけ具体例を挙げて話します。

④お悩みごと解決のヒントを探るロールプレイングを取り入れる（実践編）

加盟店経営者の悩みを解決するヒントを与えるために、参加者各自に、ロールプレイングをしてもらいます。**店長ならスタッフの面接や育成、オーナーなら指導や提案を、実際に現場でやっているように演じてもらう**のです。

なぜロールプレイングをさせるかというと、単純に、本を読む習慣があまりない経営者・店長には長時間の座学形式は苦痛になりやすく、睡魔を誘うからです。現場に近い状態で体を動かすことで、頭を活性化させる利点もあります。

もうひとつのメリットは、成功している他店の店長の実践を生で見ることで、刺激を受けられることです。

ロールプレイングの種類

店長スキル

- 面接ロールプレイング
- 育成ロールプレイング

管理職スキル

- 指導ロールプレイング
- 提案ロールプレイング

⑤目指すべき未来を話す（情熱を込めて）

最後に、商売の原点を繰り返し話す単純な作業を行って、動機づけをします。

たとえば、家族と食事をすれば「いただきます」「ごちそうさまでした」と言いますね。これは、子どもへの躾の「スタートとゴール」を表します。

これと同じように、勉強会でも最初に「学ぶ姿勢は本当にできていますか？」と問いかけて、「本当のあなた」を目覚めさせるのです。

そして、勉強会の最後に、

「このメンバーは、誰ひとり欠けることなくこのエリアで商売し、成果を出しましょう。みんなのローソンのために」

という閉会の言葉で終了します。

このような言葉を繰り返すと、積み重ねの原理によって言葉に説得力が増すので、毎回、情熱を込めて言うようにしてください。特に、最後の閉会の言葉こそが、次回の勉強会の始まりであると思い、閉会に望んでください。

4　勉強会講師は本気で商売を熱く語れ

指導者の条件に必要な要素に情熱があります。勉強会で講師役をする場合、いかにして経営者・店長の立場に立ってこの情熱を注ぎこめるかどうかで成果が違ってきます。なぜなら、丁寧に話すだけでは経営者に伝わらないからです。

もちろん、話し下手より話し上手の方が聞きやすいかもしれませんが、その後の記憶になにが残ったかどうかが、より重要になってきます。

なぜかと言うと、勉強会の次の日に店長たちには現場業務が待っているからです。彼らは、普通のサラリーマンのように復習する時間がなかなか取れません。だから、復習するきっかけになるように感情に訴えかけるのです。

そのためには、最初にくる要素は、情熱でなくてはなりません。

信じて伝えたいことがあれば、
繰り返し情熱を込めて話す

もし、「自分には情熱がないよ」と言う方がいたら、次の質問を自分に問いかけてください。

「加盟店ビジネスのなにが好きですか？」

「そこに、あなただけの好きな部分は本当にありませんか？」

勉強会では、そこから出た答えを必ず言葉とし、繰り返し表現するように心がけてください。いずれあなただけの情熱が生まれます。

私の場合は、商売の原点を教えてくれて、育った環境がコンビニ業界だったので、「この業界が活性化する恩返しをしたい」「こんな本部社員がひとりぐらい存在して、情熱を込める意味はある」と信じて講演していました。

自分が信じて伝えたいことがあれば、たとえ最初は笑われても、嫌われても、繰り返し情熱を込めて言い続けます。言い続けるときにも、つねに同じ伝え方で繰り返すのではなく、タイミングや表現、声の大きさ、しぐさを変えて、相手が理解するまで感情に訴えかけます。

人を教える資質があるとすれば、それは「情熱・熱意」があるかどうかです。

5 勉強会の後でアンケートを書いてもらう

勉強会の目的は、経営者が求める解決ニーズに近づくことです。それがなにか知るためには、**勉強会に集まる経営者に毎回アンケートに答えてもらい、どのような潜在ニーズがあるかを発見する作業が必要になってきます。**

聞くだけで終わりでは、記憶からなくなれば、その勉強会自体もなかったことになってしまいます。参加者には、終了後にアンケートに答えることで勉強会の内容が記憶に残るメリットもあります。

参加者にアンケートを書いてもらうときは、難しく書く必要がないことを説明します。重要なのは、そのときにどう思って、なにを考えたか。また、なにも浮かばなければ、なぜ浮かばないのか、その要因や悩みごとはなにかを書いてもらうことです。そうすることで、次回の勉強会の構成を考える上でヒントが得られます。

参考アンケートは次の形式です。

ローソン流　勉強会アンケート

実施日： 2016年●月●日（×）	店舗名	店
	氏名	
		コンビニ歴　年　ヶ月 現組織での勤務年数　年　ヶ月 ローソンでの経験年数 □あり □なし
	職種	□経営者 □店長 □パート・アルバイト □社員

勉強会受講履歴（該当箇所に○をしてください）	第1回	第2回	第3回

より進化する勉強会にしていく為、下記のアンケートにお答えいただき、提出して退席下さいませ。

【商売人のマネージメントについて】

以下の項目に関して、感じている度合いで結構ですので、○△×に○を付けてください。

1. ビジョンには、自社組織のこだわりが表現されている	○　△　×
2. 店舗のビジョンは、スタッフに浸透し体現できている	○　△　×
3. 本部重点施策商品は支店トップクラスを継続している	○　△　×
4. 売上・客数・客単価の目標を店舗で明確に決めている	○　△　×
5. 中期経営計画に即した出店戦略や人材確保ができている	○　△　×
6. 店舗の棚卸状況は適正管理できている	○　△　×
7. スタッフの育成を計画的に実践できている	○　△　×
8. 組織独自で販売促進を工夫して水平展開できている	○　△　×
9. 本部支援を事前に確認し販売貢献して信頼関係を構築できている	○　△　×
10. ポイントカードの利用率向上を意識した取り組みが店舗全体でできている	○　△　×

【多店舗組織に必要な4つの視点】

①商売人勉強会の内容は、リーダークルーと共有できていますか？	はい・いいえ
②商売人勉強会の予算づくりを参考に、リーダークルーと一緒に作成していますか？	はい・いいえ
③全員参画組織になるために、リーダースタッフに説明して巻き込んでいますか？	はい・いいえ
④月次・週次管理の進捗確認や振り返りを定期的に店舗で実践できていますか？	はい・いいえ

【今回の勉強会について】

■ロールプレイングした内容について、該当するものにチェックをしてください。

①採用面接時にでる店舗課題と実践方法　□非常に理解できた □理解できた □理解できなかった
②クルー育成でのコーチング方法　□非常に理解できた □理解できた □理解できなかった
③コミュニケーションスキルの重要性　□非常に理解できた □理解できた □理解できなかった

■勉強会で気づいたこと、感じたことはどのようなことがありますか？

■今回の内容の中で、すぐに実行してみたいと思ったことは何ですか？

■今回の勉強会について質問・疑問のある方はご記入下さい
また今回の勉強会へのご要望、今後受けてみたい内容をお聞かせ下さい。

必ず当日アンケートを回収して、勉強会の検証と同時にアンケートの検証も行い、ヒントやアイデアがあればメモや手帳に書き留めておきましょう。次回の勉強会の構成・シナリオが必ず完成します。

6　勉強会で物語を創り経営者をその気にさせる

神話学者ジョーゼフ・キャンベルは、数々の神話を研究していくうちに、ヒーローの物語には、共通する一連の法則があることを発見しています。それを「ヒーローズ・ジャーニー（英雄の旅）」と名付けました。

私も日本の商売人の話や歴史が好きで、実家がおもちゃ屋だったこともあり、マンガも大好きでした。これらに共通することはないかと調べているときに、この物語の法則に出会ったのです。

ジョーゼフ・キャンベルの著書「英雄の旅」では、物語には8つのプロセスがあると説明されています。この**物語の法則を使って共感と感動を生む商売人物語を作り、勉強会で話す**といいでしょう。その基本的な構成の例を以下で説明していきます。

① 日常世界で天命に導かれる

商売人物語のスタートでは、自分が夢見た世界と違う環境や育ってきた環境への敗北感や挫折感を持った普通の販売員である主人公（あなた）がなにかのきっかけで、商売の天命（自分の商売をする意味や役割）とめぐり逢います。

そのきっかけは、主人公が自分の行動で発見する場合や、誰か（ベテラン経営者、スーパーバイザー、専門家コーチなど）との出会いで感情を動かす最高の言葉をかけられた場合、身近な者の死（両親・家族・最愛の人など）などにします。

② 決意して冒険をする

主人公は、未知なる力により商売の天命に導かれるのですが、「自分はその商売を本当に新規開業するべきか?」と、天命を素直に受け入れることができず、現実逃避して一時、冒険から逃げようとします。そして、日常世界に戻って悩む日々が続きます。

日常の世界のなかで、自分の悪の感情との対立が生まれ、主人公のこころの弱さが新しい商売に情熱を込めることができない理由であることに気づきます。

そして、「過去の世界（日常世界）にいるのか？　それとも未来の新しい世界（非日常世界）へと冒険するのか？」という問いかけに対して、「商売人として挑戦・行動する」決意宣言をして、より強い意志で商売の冒険へと旅立ちます。

この決意は、物語においてラストへつながるターニングポイントとなります。人は誰しも変化を受け入れることに抵抗感や不安感があるものです。経営者の多くも未来への戦略に投資できずに、なかなか第一歩をスタートできません。

だからこそ、自分と悪の感情との悩みに勝利して未来世界へ旅立つ主人公に経営者は共感していきます。

③境界線を超える

新しい商売を新規開業する決意をした主人公ですが、新しい世界とこれまでの世界との境界線まできたところで、新しい世界で冒険をする資質があるのかどうかを試されます。

「この加盟店契約を結べば、もうあと戻りはできないぞ。お前には、新しい商売をする覚悟や勇気はあるのか！」といった感じで試されますが、自分の悪の感情に勝った経験を活かして乗り越えます。

④ 師・仲間との出会い

新しい世界を旅している主人公は、商売経験を通じて日々悪戦苦闘しています。その過程で、先に冒険をしているベテラン経営者を師として商売ノウハウを学んだり、信頼できる仲間と出会ったりして、さらに強い商売人へと覚醒していきます。

⑤ 最大の試練と闘う

商売を続ける主人公は、ついに最大の試練と闘います。神話の数ある物語を商売にたとえると、その試練の相手は、「強力なライバル」「新しく現れた競合店」「組織を抜け出す社員」などです。

主人公は逃げ場のない苦しい経営状態に追い込まれ、組織が崩壊状態になり、倒産の一歩手前にまで迫ります。一緒に働く社員などは、このような商売物語に感情移入して巻き込まれます。

⑥変化・成長する

最大の試練になんとか勝利することができた主人公は、その地域の代表として商売の英雄へと近づいていきます。

旅のはじまりはどこにでもいる普通の販売員だった主人公が、商売をはじめ、困難を乗り越えることで商売の世界で英雄になるのです。消費者は、その姿に感動し、いずれ共感していきます。

⑦試練の達成

伝説の英雄へ変貌した主人公は、これまでの自分の商売を検証して、なんのために商売をしているのか、その意味を知ります。

商売の過程で経験した苦労（悩みや不安と孤独感、競合店との戦いなど）や得たこと（商売ノウハウ・仲間との信頼関係など）が、まとめられてひとつの結論に達して「極意」を会得します。その商売の極意が、卓越した知識としてその地域の商売人伝説になりはじめます。

⑧真の商売人として故郷へ帰る

そして、商売人生は終わり、主人公は元いた普通の世界へと戻り、商売人物語は幕を閉じます。旅で自ら学び成長して得た商売ノウハウは、その商売人のルーツの場所で、秘伝の巻物として伝承して受け継がれていくのです。いずれは、自分自身が気づかぬうちに師の存在になり、故郷の商売を創造・発展させ、一緒に働く人々を感動経営へと巻き込んでいきます。

商売物語を「見える化」することで過去の商売記憶が蘇る

この一連の流れは、神話のなかだけの話では決してありません。私たちの人生の流れもこの物語の法則を使えるのです。

この法則は、映画や漫画にも上手く応用されています。

ハリウッド映画「ロード・オブ・ザ・リング」「ハリー・ポッター」などは、この法則と同じストーリー展開になっているようです。

私が好きな「ロッキー」などもそんな気がします。柔道をしていた頃にはこの映画を練習前・試合前などによく見て、成功するイメージ・トレーニングをしていました。

みなさんもよく知っている「ドラゴンボール」「スラムダンク」「ワンピース」などの漫画も、結果的にこのような物語の法則になっているのでしょう。

この**「ヒーローズ・ジャーニー」の物語の法則を勉強会で経営者に思い出させ、ヒヤリングしながら書かせることによって、過去の物事から導きだされた未来設計図が**

スムーズにできるようになります。

このような商売物語を「見える化」することで、眠っていたある感情が経営者のなかに蘇ります。それは、

「俺もあのとき、本当になにもかも捨てて一生懸命やっていたな」
「あのとき、あんな苦労して大変だったな」
「あの人に出会ってなければローソンを経営していなかったな」

などの過去の商売記憶です。

このように1回でも思ってもらうだけで、経営者のモチベーションのスイッチが入るのです。

この物語の作り方をあなたにも具体的にイメージしてもらいたいと思います。次のページの「商売人の旅シート」にある質問に答えを記入して、自分自身の商売人物語

を考えてみてください。

あなたの物語ができたでしょうか。

実際の勉強会では、必ずしも物語をつくる必要はありません。しかし、経営者は8つの質問に答えることで、忘れていた歴史や過去を思い出し、そこから〝変化の扉〟を開くことができるはずです。

8つの質問を通じて、たとえば「パート・アルバイト育成に悩む」「なぜか、出店戦略をうまく理解できない」「店長業務を社員がしてくれない」というような悩みが出てきた場合に、これを課題としたスライド資料を商売人物語風に作成します。これを実演することで、経営者たちは自ら解決法を見つけていきます。

商売人の旅シート
8つの問いかけ

① あなたはなぜローソンに出逢いましたか？

② 加盟する時に、悩んだり困難にぶつかってもローソンを辞めなかったのはなぜですか？

③ そして商売を続けられた分岐点はなんですか？

④ 商売・経営で師の存在や信頼できる仲間は誰ですか？ なぜそう思いますか？

⑤ この商売の最大の試練や難関はなんでしたか？ また、本当に経験していますか？

⑥ 社長自身が変化・成長できた時は、いつですか？ また、本当に学んでいますか？

⑦ これまでの商売で、試練を乗り越えた達成感はなんですか？ また、年間でなん店舗出店できる自信はありますか？

⑧ いずれ、地域の代表や地域のお客さまに対する奉仕は考えていますか？

未来設計図

7 衆知の1万時間の法則を活用せよ！

オリンピッククラスのスポーツ選手の練習時間には、ある共通点がありました。それは、トータルで1万時間の練習量を熟しているということです。

マルコム・グラッドウェルは、その著作「天才！成功する人々の法則」（勝間和代訳講談社）で次のように書き残しています。

「プロとアマチュアのピアニストについても調べたところ、アマチュアの場合20歳時点で2000時間だったのに対して、プロの場合は毎年練習時間が増えていき、20歳のころには合計時間が1万時間に達していた」

彼は、ほかにもおもしろいことを書いています。〝生まれつきの天才〟はいなかったことと、トップになれるかなれないかの共通点は「熱心に努力するかどうか」であったことです。

私は、この文を読んだときにある確信を得ました。**コンビニ経営者も、素質に関係なくどれだけ商売に熱心に努力しているかをつねに問いかけるべきであると**。

私は学生時代から現在まで柔道を練習し、トータルの時間は1万時間を超えています。オリンピックにでる夢は叶いませんでしたが、ある一定レベルまでの相手なら、指導する力を手に入れることができました。

この視点を勉強会で伝えたく、参加する経営者たちには、1万時間理論について情熱を込めて真剣に伝え続けました。

10人が月1回勉強会に参加すれば約2年で合計1万時間に

1万時間理論について、スポーツの世界ではなくコンビニの勉強会で考えてみましょう。

ひとりの勉強会の1回の参加時間を5時間とした場合、10名が参加すれば合計で50時間になります。月1回開催で、年間では合計600時間になります。10名の参加者がひと月あたり30時間の復習をすれば、年間合計で3600時間になり、総合計時間が4200時間になります。

約2年間で、全員の勉強時間を合わせれば1万時間に到達する見込みになります。その10名の成功事例を経営者同士で水平展開する関係性ができていれば、より強い商売を地域で実践することが可能になります。

コンビニ経営者の集まりをチームづくりに例えると、本部指示型のフランチャイズの性質上、自主性重視のチームづくりが多くなります。自主性（なにをやるか決まっている場合は行動を実践できる人）があるチームは、もちろんなにもやらない人・言い訳ばかりの無理・無駄重視のチームよりはレベルが高く、店舗力も個店では地域一番店に近い状態になります。しかし、同時に主体性（やることが決まっていなくとも自分の意志・判断で行動できる人）が育ちにくいマネジメント環境になりがちです。

多店舗展開するうえでの組織構成では、自主性重視のチームから、より強く勝てる組織へと成長していくために主体性重視のチーム・集団組織に変わらなければなりません。

衆知の1万時間

そのためにも、経営者同士が考え、判断できる人になる勉強会の場は貴重な財産になります。

勉強会の講師は、「できない」思考を「できる」思考に変えるために、できると言い続けられる諦めない精神を持った人選をするべきです。

正しい商売をするためには、商売を継続する強い意志が必要です。意志は鍛え続けなければ強くなりません。**経営者同士が集まり勉強会をすることで、強い商売意志は「伝染する」のです。**

あとがき

―独自戦略のローソンが教えてくれたこと―

ローソンのとあるお店を舞台にした「ローソン流　アルバイトが「商売人」に育つ勉強会」の物語は、ひとまずここまでとします。しかし、らしさを追求する独自企業ローソンがこれからますます顧客・ファンづくりを盛り上げてくれるだろうと考えると、ワクワクしてたまらないです。

先日、多店舗企業が集まる「第3回チェーンストア研究会」で「セブン-イレブン流　98％のアルバイトが商売人に変わるノート」について講演したときのことです。セミナーを主催した株式会社ドリーム・アーツ代表取締役社長 山本孝昭様が「弊社では、内定者に対してコンビニでのアルバイトを推奨しています。コンビニは、日本が世界に誇る流通小売業のオペレーションを実現しています。店舗を維持向上する工夫やお客様対応などに学ぶことが多いうえ、加盟店オーナー（経営者）と一緒に働くのも貴重な経験になるからです」と言われていました。この発想は、コンビニの内部ではあまりないことです。だからこそ、私はこのような視点を多くの人に伝えていきたいと思っています。研究会では、株式会社パル 執行役員／業務改革推進室長 野口一成様、3COINSブランド長 澤井克之様とともに講演する側で控室にいるときに、現場の悩みを話し合うことができました。これも研究会を最後までサポートしてくれた株式会社ドリーム・アーツCTO石田健亮様、マーケティング部 堀井麻衣子様あってこそ。感謝を申し上げます。懇親会では、参加された店舗ビジネスの皆さまと現場の悩みを共通認識することができた貴重な時間でした。

コンビニ研究家と名乗る理由も、コンビニ業界で学ばせていただいたという恩があり、コンビニ研究家としての活動が少しでも業界への恩返しになればという志ができたからです。素晴らしい経験ができるきっかけをくれたローソンに感謝するとともに、いつの日かこれまでの経験を活かして、多店舗展開するチェーン企業の育成改革にも携わりたいと考えています。そして、最大級のぶっ飛んだ夢目標は、ローソンの全国の加盟店経営者が集まるオーナーズミーティングで、ゲスト講師として講演することです。今年の3月9日には、第32回流通情報システム総合展リテールテックJAPAN2016リコージャパン様ブースで講演するという非常に大きなチャンスをいただきました。これがその第一歩になればと思っています。

このような講演・研修・執筆などがきっかけになり、現在、テレビ・ラジオにも出演しています。そんななかで出会った人たちに、いつも質問されることがあります。「どうして、いつもそんなに前向きで明るくいられるのですか？」と。この質問に対して、私は以下のように答えています。

「心の師であり、憧れの存在がいる。それは、いまや国民的司会者でもあるお笑い芸人の明石家さんまさんです。私が学生時代に柔道で挫折していたときに、元気を与えてくれたのがお笑いでした。そのなかで、大好きで一番見ていたのが、明石家さんまさんの番組でした。とにかく陽気で面白く、笑顔がいつでもある。単純ですが、どんなことでも『いつも』がつくと、なかなか普通の人にはできないものです。自分が話す仕事をするようになってからも、明石家さんまさんをモデルにして話し方を研究してきました。明石家さんまさんの番組を録画して、1万回以上は見ていると思います。いつの日か、『踊るさんま御殿』や『ホンマでっかTV』に呼ばれるようなコンビニ研究家を目指しています。想いを伝える職業でもあるので、この想いがメディアの皆さまや明石家さんまさんに届くことを祈って出演しているのです」

今回、本書のキッカケをいただいたトランスワールドジャパンの佐野裕社長・編集担当の喜多布由子氏のひと言がなければ、前作の「セブン‐イレブン流　98％のアルバイトが商売人に変わるノート」に続いてローソン時代の経験を執筆することはなかっただろうと思います。1人の著者が業界2社をテーマにした本を出版するのは、非常識発想だからです。感謝を申し上げます。

ローソン時代に関わった加盟店経営者・店長・パート・アルバイト・本部社員のみなさんにも、改めてありがとうと言いたいと思います。すべては、みなさんとの出逢いから始まった商売人生です。

店舗ビジネスでお悩みの方やこれから加盟店ビジネスに加盟する方に、少しでもこの本が役に立てば幸いです。お気軽にご相談下さいませ。

（問 cvsgosoudan888@yahoo.co.jp）

これからも、私は顧客の立場でローソンを観察する習慣を楽しく継続するでしょう。そこに、独自発想のローソンらしさがある限り。

発祥の地である大阪のとあるローソン店舗のイートイン・コーナーでマチカフェを飲みながら。

コンビニ研究家　田矢　信二

田矢　信二（たや・しんじ）

大阪生まれ。コンビニ研究家。近畿大学商経学部卒業。セブン－イレブン、ローソンを経て、コンサルタント会社の船井総合研究所でも勤務。「コンビニ研究家　田矢信二の365日商売視点！ブログ」では独自視点での情報を伝える。TBSテレビ「この差ってなんですか?」、BSスカパー「モノクラーベ」、朝日放送「おはよう朝日土曜日です」やラジオ番組など出演。商売ミッションは「商売を通じたコーチングの重要性を教え、一緒に育成の仕組みづくりのお手伝いをする。それが自分の幸せ・達成感に繋がる」こと。店舗ビジネス専門に講演・研修等講師、「ファミリーマート本部主催　東北地区・複数店セミナーでの講演」や「大手コンビニ企業でトップクラスの多店舗展開する加盟店組織への店長研修」などの実績。ビジネス情報誌、日本最大級フランチャイズ募集メディアのフランチャイズWEBリポートでも専門家コラムを掲載。専門リサーチ企業で専門家として選出される。アドバイス先には海外企業、コンサル会社等など多岐に渡り、定評がある。主な著書に「セブン－イレブン流　98%のアルバイトが商売人に変わるノート」。

ローソン流
アルバイトが「商売人」に育つ勉強会

2016年4月21日　初版第1刷発行

装丁・DTPデザイン　小松洋子
編集協力　岸並 徹
編集担当　喜多布由子

著者　　田矢 信二
発行人　佐野 裕
発行　　トランスワールドジャパン株式会社
〒150-0001 東京都渋谷区神宮前6-34-15 モンターナビル
Tel: 03-5778-8599　Fax: 03-5778-8743

印刷・製本　中央精版印刷株式会社
Printed in Japan

ISBN 978-4-86256-169-5